RECVEIL DE PLVSIEVRS ACTES ET MEMOIRES REMARQVABLES POVR L'HISTOIRE DE CE TEMPS;

Desquels l'Indice se veoit en la page suiuante.

S. HIERONYMVS ZACH. XII.
POPVLVS DEI,
INQVIT,
VIA REGIA GRADIEMVR,
NEC AD DEXTERAM
NEC AD SINISTRAM
DECLINABIMVS.

M. DC. XII.

INDICE
DES ACTES ET MEMOIRES
contenus en ce present Recueil.

nales Ecclesiastiques.

Censure de la Faculté de Theologie de Paris, contre la doctrine des assassins des Roys, contenuë au Liure intitulé, *Responce Apologetique à l'Anticoton.*

Estat de la question agitee en Sorbonne le premier iour de Feburier, 1611. *Sçauoir, si Mariana en son Liure du Roy & de l'institution Royalle, est d'accord en quelque chose auec le Concile de Constance, & les Decrets de Sorbonne.*

La teneur de l'Approbation des Docteurs mentionnez en la Censure & Discours susdicts, sçauoir, *Forgemont, Fortin, de Gazil, du Val.*

Censure de la Faculté de Theologie de Paris, contre quatre propositions tirees d'vn liure intitulé, *Trois tres-excellentes predications, prononcées au iour & feste de la beatification du glorieux Patriarche, le bien-heureux Ignace fondateur de la compagnie de IESVS*, faicte sur la Remonstrance de Maistre Iehan Fillesac Docteur de ladite Faculté.

Censure faicte par les Euesques de la Prouince de Sens, d'vn Liure intitulé, *De Ecclesiastica & Politica potestate*, auec la reseruation des droicts du Roy, & de la Couronne de France, droicts, immunitez & libertez de l'Eglise Gallicane.

Procedures faictes en la Cour de Parlement de Paris contre la susdite Censure, à sçauoir, vn *relief d'Appel comme d'Abus*, par Maistre Emon Richer Docteur & Syndic de la Faculté de Paris, aucteur dudit Liure intitulé, *de Ecclesiastica & Politica potestate* : Requeste presentee à la Cour par ledit Richer : *Arrest* de communication de ladite Requeste à Monsieur le Procureur General du Roy : Les *Conclusions* de Monsieur le Procureur General du Roy, consentant l'entherinement de ladite Requeste.

Extraicts des Ordonnances des Rois FRANÇOIS I. & HENRY II. auctorisants les Articles faicts par la Faculté de Theologie de l'Vniuersité de Paris, le 10. de Mars, 1542. desquelles aulcunes des propositions rapportees audit Liure, *de Ecclesiastica & Politica potestate*, sont tirees.

Extraicts de diuers lieux de Nauarrus, touchant ceste Question, sçauoir, *Si le Concile est par dessus le Pape*,

Copie d'vne lettre escrite de Paris par Maistre Iehan Suffren Iesuite, à Maistre Antoine Suffren Recteur des Iesuites à Lyon.

Copie d'vne Lettre escrite de Paris par Maistre Barthelemy Iacquinot Iesuite à Maistre Antoine Suffren Recteur du College des Iesuites à Lyon.

Censure faicte par les Euesques de la prouince de Prouence, dudit Liure intitulé, *de Ecclesiastica & Politica potestate*, sans aulcune reseruation.

Appel comme d'abus de ladite Censure.

Arrests de la Cour de Parlement de Paris, touchãt vne assemblee practiquee en Sorbonne sur le Decret de la Faculté de Theologie, de l'an 1429. & ledit Liure, *de Ecclesiastica & Politica potestate*.

Interrogatoires faicts par ladicte Cour à M. Claude *Petit-Iean*, M. Nicolas *Roguenant*, M. Emond *Richer*, M. Charles *Loppé*, M. Ioachim *Forgemont*.

Remonstrance faicte par la Cour à M. Ioachim *Forgemont*, qu'il estoit mauuais François, de communiquer auec l'Estranger sans permission du Roy.

Acte contenant la Declaration faicte au Greffe de la Cour par les Iesuites, qu'ils sont conformes & se conforment à la doctrine de l'Eschole de Sorbonne.

Conclusio sacræ Facultatis Theologiæ Parisiensis facta in comitiis ordinariis celebratis 1. die Iunij, 1612.

Acte faict en Sorbonne le 1. de Iuin, 1612.

Conclusio sacræ Facultatis Theologiæ Parisiensis facta in comitijs ordinarijs celebratis die 2. Iulij, 1612.

Defences de par le Roy faictes aux Docteurs de la Faculté de Theologie, de traicter de l'election d'vn nouueau Syndic.

CENSVRA

SACRÆ FACVLTATIS THEOLOGIÆ *Parisiensis, contra impios & execrabiles Regum ac Principum parricidas.*

ANNO Domini millesimo sexcentesimo decimo, cum sacra Theologiæ Facultas, ob festa Pentecostes, & comitia priuata inter viros selectos ordinis Theologici in præsenti negotio agitata, suos statos & ordinarios conuentus prima aut secunda die Iunij habere non potuisset, illos in diem quartum Iunij transtulit, atque omnes Magistros Theologiæ, in vim obedientiæ, quam emisso sacramento Facultati spoponderunt, in Collegium Sorbonicum conuocauit, vbi post Missam de sancto Spiritu, more solito celebratam, deliberarunt super exequutione Senatusconsulti, cuius hæc summa est.

CVRIA Parlamenti, decuriis majore, rerum capitalium, atque Edicti vna congregatis, procedendo ad iudicium & litem capitalem ac extraordinariam, Cognitoris generalis Regis postulatione instructam, aduersus nefandissimum, crudelissimum, & execratissimum parricidium, in sacratam personam HENRICI IV. Regis patratum, audito Cognitore generali regio, decreuit atque decernit, vt diligentia & procuratione Decani & Syndici Facultatis Theologiæ, eadem facultas quamprimum conuocetur ad deliberandum super confirmatione decreti prædictæ Facultatis, quod die XIII. Decembris anno 1413. à centum quadraginta & vno Theologis eiusdem Facultatis constitutum, dehinc vero Concilij Constantiensis auctoritate roboratum fuit: quo decreto definitur, *nemini licitum esse quacunque occasione, causâ, aut prætextu quæsito, sacrosanctis Regum & aliorum Principum supremorum personis vim inferre:* deinde vt decretum quod in eiusdem Facultatis comitiis statuetur, omnium

Doctorum, qui comitiis & deliberationi interfuerint, necnon etiam omnium Baccalaureorum, qui cursum theologicum decurrunt, syngraphis muniatur; quò tum demum, audito super ea re Cognitore generali regio, Curia decernat quod iustum & rationi conforme erit. Datum in Parlamento XXVII. Maij, anno Domini millesimo sexcentesimo decimo.

Signatum, VOISIN.

ITAQVE eadem sacra Facultas, vt mandato amplissimi ordinis tam iusta & necessaria præcipientis obtemperaret, primum priuata, deinde publica habuit comitia; considerans autem sibi ex officio incumbere, vt suam Censuram & iudicium doctrinale cunctis illud poscentibus declaret, atque Parisiensem Academiam, à primis suis incunabulis, parentem & alumnam optimæ ac saluberrimæ doctrinæ perpetuò extitisse; bonum & tranquillitatem Reipublicæ ab ordine, ordinem porro & pacem, secundum Deum optimum maximum, à Regum & Principum salute pendere; ac solius esse Principis aut potestatis politicæ gladio vti, Roman.13. insuper paucis ab hinc annis, nonnulla peregrina, seditiosa, atque impia dogmata inualuisse, quibus plerique priuati homines dementati, sacrosanctos Reges & Principes, execrandâ appellatione tyranni contaminare; hocque nefario prætextu, necnon religionis, pietatis, aut boni publici iuuandi vel promouendi specie, in sacrosancta Regum & Principum capita conspirare; suasque manus parricidas, sacro illorum sanguine cruentare; & continuo patentissimam fenestram aperire non horrent ad perfidiam, ad fraudes, insidias, proditiones, populorum interneciones, vrbium, prouinciarum, ac regnorum florentissimorum excidia; & ad alia innumerabilia nequitiæ genera, quæ ciuilia aut externa bella concomitari solent: demum tam pestifera & diabolica dogmata hodie in causa esse, vt qui decessionem ab Ecclesia Catholica & Romana fecerunt, in suo errore obdurescant, virosque Religiosos, Doctores, & Prçlatos Catholicos, quamquam insontes, quasi talia docerent vel auctorarent, fugiant ac detestentur: EADEM inquam Facultas, hæc & similia considerate perpendens, magna animorum consensione & alacritate, ista peregrina, & seditiosa dogmata, velut impia, hæretica, societati ciuili, paci & tranquillitati publicæ, ac religioni Catholicæ, penitus contraria, execratur atque condemnat: in cuius rei fidem ac testimonium, decretum antiquum sibi de integro renouandum esse duxit, quod ducentis abhinc annis, à centum quadraginta & vno Theologis sancitum fuit, in condemnatione huius execrabilis propositionis;

QVILIBET *tyrannus, potest & debet licite & meritorie occidi à quocunque suo vassallo aut subdito, & per quemcunque modum, maxime per insidias, & per adulationes, non obstante quocunque iuramento aut confœderatione facta apud eum, non expectando sententiam aut mandatum Iudicis cuiuscunque.* Sequitur verò Censura Facultatis:

HÆC ASSERTIO *sic generaliter posita, & secundum acceptionem huius vocabuli* TYRANNVS, *est error in nostra fide & doctrina bonorum morum, & est contra præceptum Dei* NON OCCIDES, *glossa*, propria auctoritate: *& contra hoc quod dicit Dominus noster*, OMNES QVI GLADIVM ACCEPERINT, *glossa*, propria auctoritate, GLADIO PERIBVNT. *Item, hæc assertio vergit in subuersionem totius reipublicæ & vniuscuiusque Regis aut Principis. Item, dat viam & licentiam ad plura alia mala, & ad fraudes, & violationes fidei, & iuramenti, & ad proditiones, & generaliter ad omnem inobedientiam subiecti ad dominum suum, & ad omnem infidelitatem & diffidentiam vnius ad alterum, & consequenter ad æternam damnationem. Item, ille qui affirmat obstinate talem errorem, & alios qui inde sequuntur, est hæreticus, & tanquam hæreticus debet puniri, etiam post suam mortem. Notetur in decretis* 23.q.5.&c. *Actum anno* M. CCCC. XIII. *die Mercurij* XIII. *Decembris.*

QVÆ censura Facultatis Parisiensis in synodo Constantiensi, sessione 15. anno M. CCCC. XV. pridie nonas Iulij his conceptis verbis comprobata fuit. *PRÆCIPVA solicitudine volens hæc sacrosancta synodus ad extirpationem errorum & hæreseum in diuersis mundi partibus inualescentium prouidere, sicut tenetur & ad hoc collecta est; nuper accepit, quod nonnullæ assertiones erroneæ in fide, & bonis moribus, ac multipliciter scandalosæ, totiusque reipublicæ statum & ordinem subuertere molientes, dogmatizatæ sunt, inter quas hæc assertio delata est: QVILIBET tyrannus, potest & debet licitè & meritoriè occidi per quemcunque vassallum suum vel subditum, etiam per clanculares insidias, & subtiles blanditias, vel adulationes, non obstante quocumque præstito iuramento seu confœderatione factis cum eo, non expectatâ sententiâ vel mandato Iudicis cuiuscunque. ADVERSVS hunc errorem satagens hæc sancta synodus insurgere, & ipsum funditus tollere, præhabita deliberatione matura, declarat, decernit, & diffinit huiusmodi doctrinam erroneam esse in fide, & in moribus, ipsamque tanquam hæreticam, scandalosam, & ad fraudes, deceptiones, mendacia, proditiones, periuria, vias dantem, reprobat & condemnat. Declarat insuper, decernit, & diffinit, quod pertinaciter doctrinam hanc perniciosissimam asserentes, sunt hæretici, & tanquam tales, iuxta canonicas sanctiones, puniendi.*

SACRA igitur Facultas, strictè accurateque exploratis omnium & singulorum Doctorum suffragiis, primo, antiquam illam Censuram Facultatis, synodi Constantiensis sanctione firmatam, nonmodo iterari, verumetiam omnium hominum animis inculcari debere; secundo censet, seditiosum, impium, & hæreticum esse, quocunque quæsito colore, à quocumque subdito, vassallo, aut extraneo, sacris Regum, & Principum personis vim inferre: Tertio statuit, vt omnes Doctores & Baccalaurei Theologiæ, quo die in statuta & articulos Facultatis iurare consueuerunt, in hoc similiter decretum iurent, ac syngraphæ suæ appositione obtestentur, se illius verita-

tem

tem docendo, & concionando diligenter explicaturos: Quarto, vt hæc acta, tum Latine, cum Gallice, typis mandentur ac euulgentur.

De mandato Domini Decani & sacratiss. Facultatis Theologiæ.

DE LA COVR, *cum syngrapha.*

CENSVRE DE LA SACREE Faculté de Theologie de Paris, contre les impies & execrables parricides des Rois & des Princes.

L'AN de nostre Seigneur, mil six cents dix, la sacree Faculté de Theologie, n'ayant peu tenir sa congregation generale & ordinaire le premier, ny le second iour de Iuin (à cause des festes de Pentecoste, & des deputez d'icelle Faculté, assemblez pour donner leur aduis sur l'affaire qui se presentoit) la remist & transfera au quatriesme Iuin, auquel iour elle fist assembler au College de Sorbonne tous les Docteurs, en vertu de l'obeissance par eux iuree à ladite Faculté, pour (apres auoir celebré la Messe du sainct Esprit, ainsi que l'on a de coustume) deliberer sur l'execution d'vn Arrest de la Cour de Parlement, dont la teneur ensuit;

LA COVR, les grand Chambre, Tournelle, & de l'Edict assemblez, procedant au iugement du procés criminel & extraordinaire fait à la requeste du Procureur General du Roy, pour le tres-meschant, tres-cruel, & tres-detestable parricide commis en la personne sacree du Roy HENRY IV. Ouy sur ce le Procureur General du Roy, A ORDONNÉ, & ordonne, qu'à la diligence des Doyen & Syndic de la Faculté de Theologie, ladite Faculté sera assemblee au premier iour, pour deliberer sur la confirmation du decret d'icelle, du 13. Decembre, 1413. resolu par la Censure de cent quarante vn Docteurs de ladicte Faculté, depuis authorisé par le Concile de Constance, *qu'il n'est loisible à aucun, pour quelque cause & occasion que puisse estre, d'attenter aux personnes sacrez des Rois, & autres Princes souuerains*, & que le decret qui interuiendra en ladite assemblee, sera soussigné de tous les Docteurs de ladite Faculté, ayans assisté à ladicte deliberation, ensemble par tous les Bacheliers qui sont au cours de Theologie, pour ledit decret communiqué audit Procureur General, & veu par ladite Cour, estre par elle ordonné ce que de raison. Faict en Parlement, le 27. May, 1610.

Signé, VOISIN.

POVR satisfaire auquel Arrest, ordonnant chose si iuste & necessaire, ladicte Faculté en premier lieu a faict assembler ses deputez, & depuis traicté ledit affaire en la Congregation generale, en laquelle ayant consideré qu'elle est obligee donner son aduis & Censure doctrinale à tous ceux qui la demandent; que l'Vniuersité de Paris, depuis sa premiere fondation, a tousiours esté la mere & la nourrice d'vne tres-bonne & tres-salutaire doctrine; que le bien & repos public prouient de l'ordre; & que l'ordre, apres Dieu, despend du salut des Rois & des Princes, qu'il appartient seulement au Prince ou à la puissance Politique d'vser du glaiue, comme il est escrit aux *Romains* 13. que depuis quelques annees, certaines opinions estrangeres, seditieuses, & impies, ont tellement peruerty l'esprit de plusieurs hommes, qu'il n'ont eu en horreur souiller les Rois & les Princes du nom execrable de tyran, & en consequence d'vn si detestable pretexte, comme aussi sous couleur d'aider ou auancer la pieté, la religion, ou le bien public, de conspirer contre leurs personnes sacrees, & d'ensanglanter leurs mains parricides, d'vn sang est qui ſi cher & de ſi grand pris ; & cõſequemment d'ouurir la porte à toutes ſortes de meſchancetez, perfidies, deſloyautez, fraudes, tromperies, ſurpriſes, trahiſons, meurtres, carnages mutuels des peuples, aux ruines, ſaccagemens, & razemens des villes, Prouinces, & Royaumes tres-floriſſans : bref à vne infinité de crimes abominables, cauſez par les guerres, tant ciuiles qu'eſtrangeres : finalement cognoiſſant que telles opinions peſtilentieuſes & diaboliques, en ce temps rendent ceux qui ſe ſont ſeparez de l'Egliſe Catholique, Apoſtolique, Romaine, obſtinez en leurs erreurs, & leur font fuir les Religieux, Docteurs, & Prelats Catholiques, bien qu'ils ſoient innocens, comme ſ'ils enſeignoient & authoriſoient vne ſi pernicieuſe doctrine : toutes leſquelles raiſons & autres ſemblables, apres auoir eſté diligemment examinez, LADICTE FACVLTE d'vn commun accord, & d'vne ferme reſolution, deteſte & condamne telles doctrines eſtrangeres & ſeditieuſes, comme impies, heretiques, ennemies de la ſocieté humaine, de la paix, tranquillité publicque, & de la religion Catholique : en foy & teſmoignage dequoy, elle a eſtimé deuoir renoueler ſon ancien decret, conclu & reſolu y a deux cents ans, par l'aduis de cent quarante & vn Theologien, ſur la condemnation de cette propoſition execrable.

VN TYRAN *quel qu'il ſoit, peut & doit licitement & meritoirement eſtre occis par vn ſien Vaſſal ou ſubiect, quel qu'il ſoit ; par tous moyens, principalement par ſecrettes embuſches, trahiſons, flatteries, & autres telles menees, nonobſtant quelque foy ou ſerment que le ſubiect puiſſe auoir auec le tyran: ſans auſſi que ſur ce faict, le ſubiect doiue attendre la ſentence ou le mandement de Iuge quelconque*. Surquoy enſuit la Cenſure de la Faculté;

CETTE propoſition priſe ainſi generalement & ſelon la ſignification de ce mot TYRAN, eſt vn erreur contre la foy Catholique, contre la doctrine des bonnes mœurs, & contre le commandement de Dieu, *Tu ne tueras point*, (ce que la Glose interprete, *de propre authorité*, c'est à dire, sans le commandement du Magistrat) pareillement elle contreuient à ce que dict nostre SAVVEVR, *Tous ceux qui auront pris le glaiue* (ce que la mesme Glose explique aussi, *de propre authorité*) *periront par le glaiue*. D'auantage, cette proposition tend à l'entiere subuersion & ruine de tous les estats, Princes, & Roys du monde : elle ouure encor' le chemin à plusieurs autres meschancetez, aux tromperies, trahisons, violemens de Foy, & de son serment, & generalement donne licence aux subjects à toutes sortes de desobeissances contre leur Seigneur, mesmement à la desloyauté & deffiance des vns à l'endroit des autres, & par consequent à la damnation eternelle. Au surplus, quiconque maintient opiniastrement vn tel erreur, & plusieurs autres qui peuuent estre induits de cette proposition generale, est heretique, & doit estre puny comme tel, mesmement apres sa mort, suiuant ce qui est noté au decret, Cause 23. qnest. 5. &c. Faict l'an M. CCCC. XIII. le Mercredy XIII. Decembre.

LA susdite Censure de la Faculté de Paris a esté confirmee au Concile de Constance, en la session 15. l'an M. CCCC. XV. le VI. iour de Iuillet, en ces propres termes: LE SAINCT CONCILE voulant employer tout son soin & estude à l'extirpation des erreurs & heresies qui pululent en diuers endroits du monde, selon qu'il y est obligé, & mesme ayant esté assemblé pour cet effect, estant bien informé que depuis quelque temps l'on dogmatise & publie certaines propositions merueilleusement scandaleuses, erronees en la foy, & aux bonnes mœurs, & qui ne tendent qu'à renuerser tout l'ordre & l'estat des republiques, entre lesquelles propositions cette-cy a esté rapor-

raportee. VN TYRAN, quel qu'il soit, peut & doit licitement & meritoirement estre occis par vn sien Vassal ou subject quel qu'il soit, mesmement par secretes embusches, trahisons, flatteries, & autres telles menees, nonobstant quelque foy ou serment que le subject puisse auoir auec le tyran, sans aussi que sur ce faict le subiect doiue attendre la sentence ou le mandement de Iuge quelconque. OR LE SAINCT Concile ayant vn singulier desir de s'opposer à cet erreur, & de l'extirper du tout, apres auoir meurement deliberé, declare, arreste, & definit, que cette doctrine est erronee en la foy & aux bonnes mœurs, & partant la reprouue & condamne comme heretique, scandaleuse, ouurant le chemin à toutes sortes de fraudes, tromperies, deceptions, mensonges, trahisons, & pariures. Declare en outre, arreste & definit, que tous ceux qui deffendent opiniatrement cette pernicieuse doctrine, sont heretiques, & comme tels qu'ils doiuent estre punis, conformement aux saincts Canons.

PARTANT, la sacree Faculté, apres auoir exactement & soingneusement examiné les opinions de tous les Docteurs en general, & de chacun en particulier, est d'auis premierement, que l'ancienne Censure de ladicte Faculté, confirmee par le Concile de Constance, soit non seulement renouuellee, mais aussi bién imprimee en l'esprit de tous les hommes: Secondement, que c'est chose seditieuse, impie & heretique, d'attenter & mettre les mains violentes, sur les sacrees personnes des Roys & Princes, quelque pretexte que tout subject, vassal ou estranger quelconque puisse prendre ou rechercher. En troisiesme lieu, elle veut & arreste que tous les Docteurs & Bacheliers en Theologie, au iour que l'on a de coustume faire serment de garder les Statuts & Articles de ladicte Faculté, iureront aussi & promettront soubs leur seing, d'enseigner la Verité de ce decret, soit lisant la Theologie, ou preschant la parolle de Dieu: En quatriesme lieu, que ce present acte sera imprimé & publié, tant en Latin qu'en François.

Par le commandement de Monsieur le Doyen, & de la tres-sacree Faculté de Theologie.

De la Covrt, auec son paraphe.

ARREST DE LA COVR DE PARLEMENT de Paris, par lequel il est ordonné que le Decret *sus-rapporté sera leu par chascun an à pareil iour 4. de Iuin, en l'assemblee de la Faculté de Theologie, & publié és prosnes des Parroisses, & que le Liure* de Iehan Mariana, *intitulé*, de Rege & regis institutione, *sera bruslé.*

Extraict des Registres de Parlement.

VEv par la Covr les grand Chambre, Tournelle & de l'Edict assemblez, le *Decret* de la Faculté de Theologie assemblee le 4. du present mois de Iuin, suiuant l'Arrest du 27. May precedent, sur le renouuellement de la Censure doctrinale de ladite Faculté, faicte en l'an 1413. confirmee par le sainct Concile de Constance, que c'est heresie pleine d'impieté, de maintenir qu'il soit loisible aux subiets ou estrangers, soubs quelques pretexte & occasion que puisse estre, d'attenter aux personnes sacrees des Roys & Princes souuerains, *le Liure de Iehan Mariana*, intitulé *de Rege & Regis institutione*, imprimé tant à *Mayence* que autres lieux, concernans plusieurs blasphemes execrables, contre le feu Roy Henry III. de tres-heureuse memoire, les personnes & estats des Roys

& Princes souuerains, & autres propositions contraires audit *Decret*, Conclusions du Procureur General du Roy, la matiere mise en deliberation.

LADICTE COVR a ordonné & ordonne, que ledit *Decret* du 4. du present mois de Iuin, sera registré és registres d'icelle, ouy & ce requerant le Procureur General du Roy, & leu par chascun an à pareil iour 4. de Iuin, en l'assemblee de ladicte Faculté, & publié au premier iour de Dimanche és prosnes des parroisses de ceste ville & faulx bourgs de Paris ; Ordonne que ledit *Liure de Mariana* sera bruslé par l'Executeur de la haulte Iustice deuant l'Eglise de Paris, & a faict & faict inhibitions & deffences à toutes personnes de quelque estat, qualité, & condition qu'elles soient, sur peine de crime de leze Majesté, d'escrire ou faire imprimer aucun Liure ou Traicté contreuenant audit *Decret* & *Arrest* d'icelle ; ordõne que coppies collationnees aux originaux dudit *Decret* & present *Arrest* seront enuoyees aux Bailliages & Seneschaussees de ce ressort, pour y estre leuës & publiees en la forme & maniere accoustumees, & outre és prosnes des parroisses des villes & faulx bourgs, le premier Dimanche du mois de Iuin : Enioint aux Baillifs & Seneschaux proceder à ladite publication, & aux Substituts du Procureur General du Roy tenir la main à l'execution, & certifier la COVR de leurs diligences aux mois. Faict en Parlement le 8. Iuin, 1610.

Signé, VOISIN.

puter, escrire, ny enseigner directement, ou indirectement en leurs Escholes, Colleges & tous aultres lieux la susdite proposition. Ordonne ladicte Cour que le present Arrest sera enuoyé aux Bailliages & Seneschaussees de ce ressort, pour y estre leu, publié, registré, gardé, & obserué selon sa forme & teneur: Enioinct ausdits Substituts dudit Procureur General du Roy de tenir la main à l'execution, & certifier ladicte Cour de leurs diligences au mois. Faict en Parlement le Vendredy 26. Nouembre, 1610.

Signé, VOYSIN.

ARREST DONNE' PAR LE Roy, estant en son Conseil d'Estat, sur l'Arrest de sa Cour de Parlement de Paris, donné le xxvj. iour du mois de Nouembre dernier, Contre le Liure intitulé, Tractatus de Potestate summi Pontificis in Temporalibus, *de Monseigneur le Cardinal Bellarmin.*

SVR les plaintes & remonstrances faictes par l'Euesque de Montepulcian Nonce de nostre tressainct Pere le Pape, pour raison de certain Arrest donné en Parlement le Vendredy xxvj. iour du present moys contre le liure intitulé, *Tractatus de potestate summi Pontificis in temporalibus aduersus Guill. Barclaium, auctore Roberto sanctæ Ecclesiæ Romanæ Cardinali Bellarmino*, imprimé à Rome par Barthelemy Zanneti, l'an present mil six cents dix, LE ROY estant en son Conseil, assisté de la Royne Regente sa Mere; Messieurs les Prince de Condé & Comte de Soissons, Princes du sang; Duc de Mayenne, Chancellier, Duc d'Espernon, de Lauardin & Boisdaulphin Mareschaux de France, Admiral & grand Escuyer de France. A ORDONNE' & ordonne pour certaines bonnes causes & considerations que la publication & execution dudit Arrest sera tenuë en surseance jusques à ce que par sa Majesté il en soit autrement ordonné, Et sera le present Arrest deliuré au Procureur General de sadicte Majeste, & enjoinct à tous Baillifs, Seneschaulx & autres Iuges du ressort dudict Parlement, de surceoir la publication & execution dudict Arrest, suiuant le vouloir & intention de sa Majesté. Faict audict Conseil, tenu à Paris, le dernier iour de Nouembre, Mil six cents dix.

DELOMENIE.

COMMISSION POVR L'EXECVTION dudit Arrest.

LOVYS par la grace de Dieu, Roy de France & de Nauarre, A tous nos Baillifs, Seneschaulx, Preuosts, & Iuges, ou leurs Lieutenans, & autres nos Iusticiers & Officiers qu'il appartiendra, salut: NOVS vous mandons, ordonnons & tres-expressement enjoignons par ces presentes, Que l'Arrest cy-attaché soubs le contreséel de nostre chancellerie, ce jourd'huy donné en nostre Conseil d'Estat. La Royne Regente nostre tres-honoree dame & mere presente, Vous ayez à faire publier & enregistrer en vostre siege & iurisdiction, & le contenu suiure, garder & faire obseruer, sans souffrir ou permettre qu'il y soit contreuenu en quelque sorte & maniere que ce soit, de ce faire accomplir & executer, Vous auons donné & donnons plain pouuoir, auctorité, commission & mandement special. CAR TEL EST NOSTRE PLAISIR. Donné à Paris, le dernier iour de Nouembre, l'an de grace, Mil six cents dix, Et de nostre regne le premier.

PAR LE ROY en son Conseil.

DELOMENIE.

ROBERTVS
S. R. E. CARD. BELLARMINVS
Tractatu de potestate summi Pontificis in temporalibus.

PRAEFATIONE. *Pag. 5.*
Editionis Coloniensis, anno 1611. sumptibus Ber. Gualtheri.

Quoniam Barclaius potestatem summi Pontificis in temporalibus vniuerse negat, ego quoque potestatem eandem VNIVERSE ASTRVAM, non multum laborans, si ea potestas sit absoluta, vel in ordine tantum ad spiritualia se extendat.

Pag. 45. CAP. II.

Subiecta, & subordinata est illi ars politica regendi populos, ET POTEST AC DEBET summus Pontifex Regibus IMPERARE, vt non abutantur potestate Regia ad Ecclesiam euertendam, ad hæreses & schismata fouenda.

Pag. 90. CAP. VII.

Ipsorum (*summorum Pontificum*) mos est, primum paterne corripere, deinde per censuram Ecclesiasticam Sacramentorum communione priuare, deinde subditos eorum à iuramento fidelitatis absoluere, eosque dignitate atque auctoritate Regia, si res ita postulat, priuare. EXEQVVTIO AD ALIOS PERTINET.

Pag. 161. CAP. XV.

Sed hinc non sequitur posse cogi Episcopum à Rege ad obediendum, vel puniri, si non obediat, cum REX NVLLAM HABEAT IN EPISCOPOS VEL CLERICOS POTESTATEM.

Pag. 203. CAP. XXI.

FALSVM est Principes Politicos à SOLO DEO potestatem habere.

EDICTO DEL REY DON PHELIPPE d'Españа contra el tractado della Monarchia de Sicilia enxerido por Cesar Baronio Cardenal en el tomo vndecimo de sus Annales Ecclesiasticos.

PHILIPPVS, &c.

LOCVM TENENS in Regno Siciliæ, Illustribus, Spectabilibus, Magnificis & Nobilibus Regni eiusdem, Magistro Iusticiario, Præsidibus Regiorum Tribunalium, Iudicibus Maiestatis Regiæ Catholicæ, Magistris Rationalibus, Thesaurario & Conseruatori Regij, patrimonij Aduocatis quoque, & Procuratoribus fiscalibus, cæterisque demum dicti regni Officialibus maioribus & minoribus, præsentibus & futuris, cui vel quibus ipsorum præsentes præsentatæ fuerint, Consiliariis & fidelibus Regiis dilectis, Salutem, *La sacra Catholica Real Magestà del Rè nostro Señore per sue regie littere ordina il sequente.*

DON *Phelippe por la gracia de Dios Rey de Castilla, de Leon, de Aragon, de las dos Sicilias, de Ierusalem, de Portugal, de Nauarra, de Grenada, de Toledo, de Valencia, de Galicia, de Mallorca, de Seuilla, Cerdeña, Cordoua, Corçega, Murçia, Iaen, de los Algarues, de Algezira, Gibraltar, Islas de Canaria, Indias Orientales, y Occidentales, Islas, y tierra firme del Mar Oceano, Archiduque de Austria, Duque de Bourgoña, de Brabante, Milan, Atenas, y Neopatria, Conde de Haspurg, Flandes, Tirol, Barcelona, Rossilon, y Cerdania, Marques de Oristan, y Gociano, Señor de Viscaya, y de Molina.*

Por quanto se nos ha dado noticia y hemos sido informado por consultas de nuestros Conseios y relaçiones de personas bien consideradas, y zelosas de nuestro seruicio, y de la conseruaçion de nuestra reputaçion, y de la quietud, y sossiego de nuestros vassallos, y especialmente de los naturales de nuestro fidelissimo Reyno de Sicilia: Que Cesar Baronio Cardenal que fue de la Santa

Iglesia Romana en el tomo undecimo de sus Annales Ecclesiasticos (que dexò escritos, y publicados) en la vida de Vrbano Papa Segundo año de mil y nouenta y siete en vn discurso largo y prolixo con palabras, y razones menos templadas, y compuestas de lo que pedia su professsion, procediendo mas en forma de acusation y inuectiua que de relaçion historica, pretendio hazer no solo sospechosos pero falsos, iniustos, viciosos y violentos los principios y titulos con que los Serenissimos Reyes de Sicilia nuestros antecessores adquirieron iuntamente con el Señorio las regalias y preheminençias que desde entonces hasta agora han retenido y conseruado quieta y pacificamente y se han deriuado sin interrupçion que sea legitima hasta nuestros tiempos, y que no deuemos ni podemos permittir que con la lection de relaçion tan poco bien considerada como es la que haze el Cardenal se inquieten y dessassos y sieguen insensiblemente los animos de nuestros vassallos, y se pueda en algun tiempo poner nota o macula en la reputaçion y consçiençia de aquellos Reyes, y en la nuestra siendo cierto que como se puede colligir, y entender de las exclamaçiones y exageraçiones de que vsa se dexo lleuar de affecto y passion particular o por lo menos que escriuio con poca notitia y inescusable ignorancia de la verdad de la historia, pues es cosa tan notoria y sabida en el mundo quo los dichos nuestros antecessores adquirieron y consiguieron y han retenido y conseruando todos aquellos drechos como attributos proprios y preheminencias de la dignitad y Magestad deste Cetro y Corona Real, y en quanto ha sido necessario con benediçion concession y permission tacita y expressa de los summos Pontifices mouidos y obligados de la razon de iusto agradecimiento, y en alguna remuneration de los grandes y notables merecimientos que aquellos Catholicos Reyes tuuieron con la Iglesia de Dios y con la santa sede por hauer reducido a su gremio y obediencia aquel Reyno despues que por secreta permission diuina hauia muchos años que estaua en poder de los Saracinos y en miserable seruidumbre de los Mahometanos con ignominia y affrenta y aun con miedo y peligro de los mas reynos y prouincias de la Christianidad y particularmente de Italia y de la misma ciudad de Roma assiento del trono de la santa sede Apostolica madre y cabeça de la Iglesia Catholica y hauer darramado su sangre en tan gloriosa conquista gastado y consumido sus grandes riquezas, y Real Patrimonio en la reedificaçion y dotaçion de las Iglesias y Monasterios que hauiendo sido tēplos, à donde en su principio fue alabado con culto diuino el verdadero nombre de nuestro Señor, y professado, y confessado la fee y religion de Christo los hauian los infieles ensuciado, y profanado, sacrilega y abominablemente haziendo los mezquitas del perfido Mahoma y establos de cauallos, y hauiendo sido estos seruicios tan agradables en los ojos de los santos y Romanos Pontifices acrecentados con otros no menos considerables en los ojos de los santos y Romanos Pontifices acrecentados con otros no menos considerables que los successores de aquellos primeros Reyes y nuestros progenitores, y nos hauemos hecho defendiendo continuamente la auttoridad y magestad de la sede Apostolica opponiendo nos con nuestras personas, y con las de nuestros vassallos, haziendas y fuerças a todos sus enemigos, y a los que han pretendido diminuirla y deshazerla de manera que por la gracia de Dios en el Reyno de Sicilia ha siempre florecido y florece pura y Catholicamente, mas que en otros de la Christianidad, por donde se entendera que no fueron iniustos y uiciosos sino muy iustos y gloriosos principios los que han dado titulo a la possession en que por tantos siglos y edades han estado los dichos Reyes de usar aquellas regalias y preheminencias, y con quanta siguridad de nuesta real consciencia y reputacion Christiana, y respectiua a la santa sede Apostolica, y la hauemos podida, y podemos continuar, y assi queriendo proueer de conueniente remedio para atajar el daño que podria causar con el tiempo, y con nuestra tolerancia, y dissimulacion la permission de la lection de aquel libro, y de su relacion, y desseando no faltar a la obligation que tenemos de conseruar los derechos, legitimos y iustos en que succedimos, iuntamente con los mismos Reynos, y estados que nuestre Señor ha sido seruido de encommendarnos, sin permitir ni dar lugar a que consemeiantes calumnias (aun en el sentido de los mal intencionados y emulos de nuestra felicidad) sea notada la magestad de nuestra corona, con tan euidente escandalo, como podrian causar en el nuestro Reino de Sicilia, y en los otros nuestros, y hauiendolo communicado y consultado con nuestros consejos, hemos acordado de ordenar y mandar en este Edicto, y pragmatica sancion, Que ninguna persona de qualquiera didignidad y estado, y condicion que sea quanto quiera priuilegiada pueda meter, tener, vender, ny comprar en nuestros Reinos, y señorios, el dicho tomo vndecimo, de baxo del nombre de su autor, ni de otro impresso, ni escrito de mano, en ninguna lengua, con el dicho discurso sobre la dicha monarchia, que comiença desde el versiculo [Hic auctor aggreditur,] *y acaba en el versiculo* [Iam vero canentes receptui, quæ post Vrbani Papæ datum diploma Salerni sunt secuta, narremus.] *ni sin el testimonio de la correçion, hecha por la persona diputada para esto, sopena que por la primera vez, que lo contrario hiziere, pague quimentos escudos vsuales del Reino, estado, o señorio donde lo tal succediere applicados, por tercias partes, a nuestro real fisco, Iuez, y denunciador, y por la secunda in curra en la misma pena pecuniaria, y en destierro del Reino, por cinco años, el qual no quebrante so pena de complir le doblado siendo persona noble, y no lo siendo en galeras al remo, y que esto tan bien, se entienda, con los que al presente tiennen el dicho libro, si dentro de quinze dias contados desde la publicacion deste Edicto, no le manifestaren y entregaren a las personas que para este effecto fueren diputadas para la correçion arriba dicha. Y para que esto se guarde cumpla, y execute con la puntualidad y obseruancia que conuiene. Mandamos que se libren nustras prouisiones, y cartas por todos los nuestros conseios que con nos residen para que se guarde y execute, en los demas nuestros Reinos, estados, y señorios, Mandando a los nuestros Vicereyes, Gouernadores, Lugartenientes, y Capitanes Generales, Conseios, Senados, Chancillerias, Audiencias, Tribunales, Iuezes, Iusticias, Ministros, y Officiales della mayores, y minores que al presente son, o, por tiempo fueren, que cada vno en su districto, y iuridiçion, hagan obseruar, y executar inuiolablemente todo lo contenido en este nuestro real Edicto. Dado en Santlorenço, a tres de Octubre, 1610.*

YO EL REY.

R. vidit Lanz. R. vidit Quintana Duegna. R. vidit Caymus. R. vidit Marcus Ant de Ponte. R. Dominus Rex

Rex mandauit mihi Laurentio de Aguirre, Panhormi die 16. Decembris IX. indictione 1610. præsentata Illustrissimo Domino Locum tenenti Generali. Et mandat quod Spectabilis Regius Consiliarius Conseruator Regij Patrimonij recognoscat & referat. Vincentius Lanfruccus M. N. eodem facta recognitione & relatione prædicta, sua illustrissima Dominatio mandauit quod fiant executoriæ. Io. de Vega Conseruator. *Percio in essecutione di quãto la prefata Maestà sua, ordina & osseruatione della preinserta nuestra prouista. Vi ordinamo che debbiate essequire, & fare per cui spetta essequire & obseruare le preinserte Regie Lettere, & Edicto secõdo il loro serie & tenore guardandosi di far il contrario se la gracia de sua Maestà si tiene chara.* Dat. Panhormi die 17. Decembris IX. indictione, 1610.

El Cardenal Ioannetin Doria.

Dominus Locumtenens Generalis mandauit mihi Vincentio Lanfrucco M. N. visa per Io. de Vegha Conseruatorem.

Io. de Vegha. C.

Imprimatur, De Rao, P.

EDICT DU ROY PHILIPPE d'Espagne, contenant le traicté de la Monarchie de Sicile, inseré par C. Baronius Cardinal, dans l'vnziesme tome de ses Annales Ecclesiastiq.

PHILIPPE, *&c.*

Le Lieutenant au Royaume de Sicile, aux Illustres, Spectables, Magnifiques, & Nobles du mesme Royaume, Maistre Iusticier, Presidens des Royaux Tribunaux, Iuges de la Maiesté Royalle Catholique, Maistre des Comptes, Tresorier & conseruateur du Royal patrimoine, Aduocats & Procureurs Fiscaux,

& autres Officiers, grands & petits dudit Royaume, presens & aduenir, auquel, ou ausquels ces presentes seront presentees, Conseillers & fideles au Roy bien aymez, SALVT. *La sacree Catholique Royalle Maiesté du Roy nostre Seigneur par ses lettres Royalles ordonne ce que s'ensuit.*

DOM Philippes par la grace de Dieu Roy de Castille, de Leon, d'Arragon, des deux Siciles, de Hierusalem, de Portugal, de Nauarre, Grenade, Tolede, Valence, Galice, Maiorque, Seuille, Sardaigne, Cordouë, Murcie, Iaen, des Algarbes, de Algezire, Gilbartar, Isles de Canarie, Indes Orientales, & Occidentales, Isles & terre ferme de la Mer Oceane, Archeduc d'Austriche, Duc de Bourgoigne, de Brabant, Milan, Athenes & Neopatrie, d'Hasbourg, Flandres, Tirol, Barcelone, Rossillon, & Cerdaigne, Marquis d'Oristan & Gocean, Seigneur de Biscaye & Molina.

D'autant qu'on nous a faict à sçauoir, & auons esté informez par les consultations de nos Conseils & relations de personnes bien aduisees & ialouses de nostre seruice, de la conseruation de nostre reputation, paix & tranquillité de nos subiects, & speciallement des naturels habitans de nostre tres-fidelle Royaume de Sicile: Que Cesar Baronius iadis Cardinal de la Saincte Eglise Romaine en l'vnziesme tome de ses Annales Ecclesiastiques (qu'il a laissé escrits & publiez) en la ville de Vrbain Pape second du nom, en l'annee mil nonante sept, en vn discours long & prolixe, auec paroles & raisons moins temperees & retenuës de ce que requeroit sa profession, procedât plus par forme d'accusation & inuectiue que de relation historique, a pretendu rendre non seulement suspects, mais encore faux, iniustes, vicieux & violents les origines & tiltres, par le moyen desquels les Serenissimes Roys de Sicile nos Predecesseurs, ont acquis ensemblement auec le domaine les regalles & preeminences que deslors iusques à present ils ont retenu & conserué paisiblement, & sont descendus sans interruption qui fut legitime iusques à nostre temps; & pourtant que nous ne deuons, ny pouuons permettre que par la lecture d'vne relation si peu consideree, comme est celle que faict le Cardinal, s'inquietent, se troublent, & se rebellent insensiblement les esprits de nos subiets, & qu'on puisse en quelque temps que ce soit mettre aucune tache en la reputation & conscience de ces Rois, & en la nostre: Cela estant tres-certain comme on peult colliger & entendre des exclamations & exaggerations, dont il vse, qu'il s'est laissé emporter à l'affection & passion particuliere, ou pour le moins qu'il l'a escrit auec peu de cognoissance, & vne ignorance inexcusable de la verité de l'histoire, attendu que c'est chose tant notoire & sceüe par tout le monde, que les susdicts nos Predecesseurs acquirent & obtindrent cy deuant, comme aussi ils ont depuis retenu & conserué tous ces droicts, comme propres attributs & preeminences de la dignité & Maiesté de ce Sceptre & Coronne Royalle, & en tant qu'il auroit esté de besoin, auec benediction, concession, & permission tacite & expresse des souuerains Pontifes à ce meuz & obligez par la raison d'vne iuste recognoissance, & & pour quelque remuneration des grands & notables merites que ces Catholiques Roys ont en l'Eglise de Dieu, & sur le Sainct Siege, pour auoir reduit à son giron & obeyssance ce Royaume, depuis que par secrette permission de Dieu, il y auoit plusieurs annees qu'il estoit au pouuoir des Sarrazins, & en miserable seruitude des Mahometans à la honte & ignominie, & encore auec crainte & peril des autres Royaumes & Prouinces de la Chrestienté & particulierement de l'Italie, & de la Cité mesme de Rome, lieu du throsne du sainct siege Apostolique Mere & Chef de l'Eglise Catholique, & auoir encores espandu leur sang en vne tant glorieuse conqueste, comme aussi employé & consommé leurs grandes richesses & Royal patrimoine en la reedification & dotation des Eglises & Monasteres qui ayants esté d'autresfois des Temples où du commencement auroit esté loüé auec vn culte diuin le vray nom de nostre Seigneur, & la foy & Religion de Christ professee & confessee, les infidelles les auoient souillez & profanez auec sacrilege & abomination les faisans des Mosquees du perfide Mahomet, & estables à cheuaux. Or ayants esté ces seruices tant agreables aux yeux des Saincts & Romains Pontifes encore accreus par d'autres non moins considerables que les successeurs de ces premiers Roys, & nos progeniteurs, & nous aussi auons faict, defendans continuellement l'authorité & Majesté du siege Apostolique, opposans nos personnes & celles de nos subjets, moyens & forces à tous ses ennemis, & à ceux qui ont pretendu de le diminuer & deffaire: de maniere que par la grace de Dieu il a tousiours fleury & florit encore plus purement & Catholiquement dans le Royaume de Sicile qu'en plusieurs autres de la Chrestienté, l'on entendra par là que n'ont esté iniustes & vicieux, ains au contraire fort iustes & glorieux, les commencemens qui ont donné tiltre à la possession en laquelle ont esté par tant de siecles & aages les susdits Roys, du droict de ces regales & préeminences, & auec quelle seureté de nostre conscience Royalle & reputation Chrestienne & respectueuse au sainct Siege Apostolique nous l'auons peu & pouuons continuer. Par ainsi voulans pourueoir de remede conuenable pour empescher le dommage que pourroit causer auec le temps & nostre tolerance ou dissimulation, la permission de la lecture de ce liure & de sa relation, & desirans ne manquer à l'obligation que nous auons de conseruer les droits legitimes & iustes, ausquels nous auons succedé, conioinctement auec les mesmes Royaumes & Estats qu'il a pleu à nostre Seigneur nous commettre, sans

donner

donner lieu ny permettre à ce que par semblables calomnies, mesmes au iugement des mal affectionnez & emulateurs de nostre felicité, soit notee la Majesté de nostre Couronne, auec vn si euident scandale comme il pourroit estre causé en nostre Royaume de Sicile, & és aultres qui nous appartiennent. C'est pourquoy apres l'auoir communiqué & consulté auec nos Conseils, nous auons aduisé d'ordonner & mander par cet Edict & pragmatique sanction: Qu'aucune personne de quelconque dignité, estat & conditiõ qu'elle soit, & tant priuilegiee soit elle qu'elle voudra, puisse exposer, tenir, vendre ny achepter en nos Royaumes & Estats ledit vnziesme tome sous le nom de son autheur ny d'autre, imprimé ou escript à la main, & en quelque langue que ce soit, auec ledit discours sur ladicte Monarchie, lequel commence dés le verset (*Hic auctor aggreditur*) & finit au verset (*Iam vero canentes receptui, quæ post Vrbani Papæ datum diploma Salerni sunt secuta, narremus*) ny sans le tesmoignage de la correction faicte par la personne deputee à cet effect, sous peine pour la premiere fois contre celuy qui y contreuiendra de cinq cents escus ayants cours dans le Royaume estat & seigneurie où tel cas arriuera, appliquables par tiers à nostre Royal fisc, Iuge & denonciateur : & pour la seconde fois encourra mesme peine pecuniaire, & oultre ce le banissement du Royaume pour cinq annees, qu'il n'enfraindra, à peine de payer le double s'il est noble, & ne l'estant, sera enuoyé aux Galleres pour y estre mis à la rame, ce qui se doit aussi bien entendre contre ceux qui à present ont ledit liure, si dans quinze iours à compter de la publication de cet Edict ils ne le manifestent & mettent és mains de personnes qui pour cela auront esté deputees pour la correction susdicte. Et affin que cecy soit obserué, accomply & executé de poinct en poinct & auec l'obseruance requise: Nous mandons que soient deliurez nos prouisions & lettres par tous nos conseils qui resident aupres de nous afin qu'il soit gardé & executé en nos autres Royaumes, Estats & Seigneuries. Si mandons en oultre à nos Vicerois Gouuerneurs, Lieutenans, & Capitaines generaux, Conseils, Senats, Chancelliers, Audiances, Tribunaux, Iuges, Iustices, Ministres & Officiers d'icelles dés les plus grands iusques aux plus petits, qui sont à present ou seront à l'aduenir, & à vn chacun d'eux qu'en leur destroit & iurisdiction ils facent obseruer & executer inuiolablement tout le contenu en ce nostre Royal Edict. Donné à Sainct Laurens le 3. d'Octobre, 1610.

MOY LE ROY.

R. veu Lanz, R. veu Quintana Duegna. R. veu Caymus. R. veu Marc Antoine du Pont. R. Le Roy nostre Seigneur a mandé à moy Laurent de Aguirre à Panorme le xvi. Decembre ix. Indiction 1610. Presentees à l'Illustrissime Seigneur Lieutenant General, & il mande que le Spectable Conseiller du Roy Conseruateur du Royal Patrimoine les recognoisse & rapporte, Vincent Lanfruccus M. N. Là mesme ayant esté faicte la Recognoissance & relation susdicte, sa tres-illustre domination a mandé qu'elles soient faictes executoires. I. de Vegha Conseruateur. Parquoy en execution de tout ce que sa Maiesté ordonne, & obseruation de nostre prouision cy-deuant inseree, Nous vous ordonnons que vous deuez executer & faire executer par celuy auquel il appartient d'executer & obseruer les susdictes lettres Royaux & Edict selon leur forme & teneur, en se gardant bien de venir au contraire, si la grace de sa Maiesté leur est à cœur. Donné à Panorme le xvij. Decembre, ix. Indiction 1610.

LE CARDINAL IEANNETIN DORIA.

M. le Lieutenãt General a mãdé à moy VINCENT LANFRVCCVS *M. N. visa.*

Par Iean de Vegha Conseruateur

J. de Vegha C.

Soit imprimé De RAO- *P.*

CENSVRA

SACRÆ FACVLTATIS THEOLOGIÆ

Parisiensis, contra doctrinam eorum qui sacris Regum & Principum personis vim inferunt, quę habetur in libro, cui titulus, Responce apologetique à l'Anticoton.

ANNO *Domini millesimo sexcentesimo vndecimo, die prima Februarij, sacra Theologiæ Facultas Parisiensis, post solemnem Missam de Sancto Spiritu, sua ordinaria celebrauit comitia, in Aula Collegij Sorbonæ, super sequentibus articulis. Primo, recognita & obsignata est conclusio facta die quarta Ianuarij. Secundo, Dominus Syndicus retulit, quemdam ex patribus Societatis* IESV*, nuper euulgasse Apologiam quæ hæc nominatim habet;* Quodammodo desiderandum fuisse vt Rauaillacus legisset Marianam, *quoniam Marianæ diserte & expresse docet, principem legitimum non posse occidi ab vllo particulari, sua priuata auctoritate: hácque in re nihil dicere, quod non congruat Synodo Constantiensi, & decretis Sorbonæ. Cuiusquidem locutionis ambiguitate, prædictus Auctor Apologiæ nititur persuadere, sententiam Marianæ, aliqua in re cum decretis Scholæ Parisiensis, aduersus Regum & Principum parricidas, conuenire: maxime autem, quod nonnulli, ex honorandis magistris, ipsa Facultate inconsulta, & contra morem ante vsitatum, in fronte eiusdem Apologiæ testentur, se nihil quicquam reperisse in prædicta Apologia quod non sit maxime & peculiariter conforme doctrinæ totius Facultatis Parisiensis: vnde proculdubio continget, vt non modo Galli, verumetiam exteræ nationes, quæ illam Apologiam legerint, arbitrentur Scholam Parisiensem etiam Concilium Constantiense reijcere, sicut reijcitur à Mariana: & consequenter licitum esse priuatis personis, propria auctoritate, & quæsito colore tyrannidis sceleratas manus sacris Regum personis inferre. Quocirca idem Dominus Syndicus rogauit Facultatem, quatenus prouideret ne ex eiusmodi assertione, decretum Scholæ Parisiensis superiore anno, ad normam Constantiensis Synodi, pro Regum &*

Principum salute constitutum, penitus euerteretur. Quibus auditis, sacratissima Theologiæ Facultas, decimam quintam Sessionem Concily Constantiensis, suasque Cõclusiones cum prædicta Apologia, & libro Ioannis Marianæ, diligenter contulit ac subductis omnium Magistrorum rationibus, Primo *censuit, auctorem Apologiæ, hæc non satis considerate scripsisse;* Nempe quodammodo *desiderandum fuisse, vt Raullacus legisset Marianam, quoniam Mariana diserte & expresse docet, Principem legitimum non posse occidi, ab vllo particulari sua priuata auctoritate: hacque in re nihil dicere, quod non congruat Synodo Constantiensi & decretis Sorbonæ.* Secundo, *eadem Facultas declarauit, Marianam nullo modo vel cum Synodo Constantiensi, vel cum suis Cõclusionibus hac in parte conuenire. Neque propterea tamen, se vllam notam prædictæ Apologiæ hic inurere, sed tantummodo mentem suam de præfato Concilio, quod repudiatur à Mariana, proprijsque decretis, velle aperire.* Tertio, *omnibus & singulis magistris Theologiæ prohibuit, ne deinceps publice attestentur doctrinam alicuius libri, esse conformem doctrinæ Facultatis Theologiæ, antequam super ea re Facultatem ipsam consuluerint, eiusque consensum, in publicis comitiis legitime impetrauerint.* Quarto, *ne ijdem Magistri in suis approbationibus nomen Sorbonæ dehinc vsurpent, nisi eorum attestatio publicis etiam comitiis, vt moris est, diserte auctorata & comprobata fuerit.*

CENSVRE
DE LA SACREE FACVTE' DE PARIS,
contre la doctrine des Assassins des Rois, contenuë au Liure intitulé, Responce apologetique à l'Anticoton.

L'AN DE NOSTRE SEIGNEVR, 1611. le premier iour de Feurier, la sacree Faculté de Theologie de Paris, apres auoir solennellement celebré la Messe du S. Esprit, a tenu son assemblee ordinaire en la sale du College de Sorbonne, pour resoudre des articles suiuants : Premierement, la conclusion faite le 4. Ianuier a esté reueuë & confirmee. Secõdement, le Syndic a rapporté, que depuis peu de iours vn des Peres de la Societé de IESVS, a mis en lumiere vne Apologie contenant ces propres termes ; *Qu'il seroit en certaine maniere à desirer que Rauaillac eust leu Mariana ; car disertement & expressement Mariana enseigne ; Qu'vn Prince legitime ne peut estre tué par vn particulier de son auctorité priuee, ne disant en cela que ce qui est au Concile de Constance, & aux Decrets de Sorbonne.* Que par l'ambiguité de ces paroles l'Autheur de ladite Apologie s'efforce de persuader que Mariana est aucunement d'accord auec les Decrets que l'Eschole de Paris a faicts contre les parricides qui attentent aux personnes sacrees des Roys & des Princes: Consideré mesme qu'aucuns Docteurs sans auoir eu l'aduis de ladite Faculté, & contre la coustume vsitee en icelle, au commencement de ladite Apologie certifient qu'ils n'y ont rien trouué qui ne soit tres-conforme à la doctrine de la Faculté de Paris : Que sans doute, les François & Estrangers qui liront ladite Apologie, estimeront que l'Eschole de Paris reiette le Concile de Constance, ainsi que fait Mariana : & consequemment qu'il soit loisible aux personnes particulieres & de leur auctorité priuee, soubs pretexte de tyrannie, d'attenter aux personnes sacrees des Roys & des Princes : C'est pourquoy ledit Syndic a supplié ladite Faculté de pouruoir à ce que son Decret de l'annee passee faict conformement à la cõstitution du Concile de Constance pour la seureté & conseruation de la vie des Roys & des Princes ne demeure aneanty par vn tel dire & attestation.

Ce qu'entendu, ladite Faculté, apres auoir bien & diligemment conferé la quinziesme session du Concile de Constance & ses Cõclusions auec ladite Apologie, & le Liure de Iean Mariana, & pris les opinions de tous les Docteurs, est d'aduis; Premierement, que l'Autheur deladite Apologie n'a escrit assez considerément ce qui s'ensuit : *Qu'il seroit en certaine maniere à desirer, que Rauaillac eust leu Mariana : car disertement & expressement Mariana enseigne, qu'vn Prince legitime ne peut estre tué par vn particulier de son auctorité priuee : ne disant en celà que ce qui est au Concile de Constance, & aux Decrets de Sorbonne*; Secondement, la mesme Faculté declare, que Mariana ne s'accorde en façon du mõde, ny auec le Concile de Cõstance, ny auec les Conclusions d'icelle Faculté : Et neantmoins qu'elle n'entend en cela noter de Censure ladite Apologie, ains seulement veut faire entendre son sens & sa doctrine, tant sur ledit Concile, lequel Mariana reiette, que sur ses propres Decrets; En troisiesme lieu, elle defend à tous Docteurs, tant en general qu'en particulier, de tesmoigner à l'aduenir publiquement que la doctrine de quelque Liure soit conforme à la doctrine deladite Faculté de Theologie, sans au prealable auoir legitimement obtenu permission & adueu deladite Faculté en congregation publique : Quatriesmement, elle defend ausdicts Docteurs de n'vsurper cy-apres en leurs approbations le nom de Sorbonne, sans les auoir expressement faict auctoriser & confirmer en vne assemblee publique de ladite Faculté, comme l'on a de coustume.

ESTAT DE LA QVESTION agitee en Sorbonne le premier iour de Feurier, mil six cents vnze;

Sçauoir, si Mariana en son Liure du Roy, & de l'institution Royalle, est d'accord en quelque chose auec le Concile de Constance, & les Decrets de Sorbonne.

L'AVTHEVR de l'Apologie contre l'Anticoton, tient la partie affirmatiue, pag. 43. de l'impression de Pade Paris, & en parle en ces termes: *Il seroit en certaine maniere à desirer, que Rauaillac eust leu Mariana: car disertement & expressement Mariana enseigne, qu'vn Prince legitime ne peut estre tué par vn particulier de son auctorité priuee: ne disant en cela que ce qui est au Concile de Constance & aux Decrets de Sorbonne: Ce n'est pas qu'il n'ait failly apres, quand il a determiné le iugement public à l'approbation des Doctes.*

Le mesme Autheur pour confirmation de son dire, a faict approuuer son Apologie par quatre Docteurs de la Faculté de Theologie de Paris, lesquels au desceu & sans l'adueu de ladite Faculté, & contre la coustume de tout temps vsitee en icelle, tesmoignent n'auoir rien trouué en ladite Apologie, *Qui ne soit tres-conforme à la doctrine des Vniuersitez de la Chrestienté, & particulierement de la Faculté de Theologie de Paris*; Attestation bien hardie, & qui excede du tout le pouuoir de ceux qui attestent, lesquels ont vsurpé le nom de Sorbonne en leur attestation, pour persuader au peuple qu'elle estoit authorisee de toute ladite Faculté.

Ceux qui defendent la partie contraire disent en premier lieu, Que de droict diuin & naturel, la Faculté de Theologie de Paris est obligee de defendre son honneur, de s'opposer à toute doctrine erronee, d'en aduertir le peuple: & que ceste obligation redouble quand on veult couurir, colorer, ou publier vne telle doctrine soubs le nom & auctorité d'icelle Faculté, ainsi qu'il semble que l'on veult faire par ladite proposition & attestation, qui asseure *Estre en certaine maniere à desirer que Rauaillac eust leu Mariana: & que Mariana ne dict en certaine chose que ce qui est au Concile de Constance & aux Decrets de Sorbonne.* Toutesfois il est tout euident que Mariana rejette non seulement l'authorité, mais aussi aneantit la doctrine salutaire du Concile de Constance, sur lequel le Decret de Sorbonne du 4. Iuin, 1610. est singulierement fondé: car la Faculté de Theologie, n'a peu valablement declaret heretique ceste pernitieuse & diabolique doctrine, sinon en vertu dudit Concile de Constance: donc le Concile estant destruit par la doctrine de Mariana le susdit Decret de Sorbonne ne peut subsister en façon du monde: & consequemment la vie des Roys & des Princes est exposee à la mercy des meurtriers: Secondement, l'on denie que Mariana soit d'accord en aucune chose, n'y auec le Concile de Constance, n'y auec les Decrets de Sorbonne, qui enseignent absolument qu'il n'est permis a aucun particulier de tuer, soubs quelque pretexte que ce soit: Au contraire Mariana dict, Qu'il est loisible aux particuliers de tuer de leur priuée authorité pour quatre causes: 1. Quand l'on ne peut assembler les Estats: 2. Quand l'on ne peut auoir la sentence du superieur pour declarer ou condamner le Tyran: 3. Quand l'on a le vœu & l'intention publique: 4. Quand l'on n'est obligé, par aucun serment particulier confirmatif de quelque amitié ou confederation. En troisiesme lieu, l'on maintient que la doctrine de Mariana aux lieux plus fauorables que l'on pourroit choisir pour deffendre l'Apologie susdite, ne peut seruir que pour excuser & iustifier Rauaillac, Clement, Barriere, Chastel, Ridecouë, & tous les autres Parricides qui de faict ou de volonté determinee ont attenté à la vie de nos Princes.

Ceux qui soustiennent la proposition de l'Autheur de l'Apologie alleguent deux passages de Mariana qu'ils iugent fauorables à leur opinion, le premier est au 6. Chapitre du premier liure, pag. 60. de l'impression de Maience: *Par ainsi, dit Mariana, la question de fait est en dispute, sçauoir qui est celuy que l'on doit iustement tenir pour Tyran: Celle de droit est toute claire & notoire: sçauoir qu'il est loisible de tuer vn Tyran, & ne faut pas craindre qu'à cet exemple plusieurs entreprennent d'attenter à la vie des Princes, ne plus ne moins que s'ils estoient Tyrans: attendu que nous ne commettrons, n'y au iugement d'aucun, n'y de plusieurs particuliers de declarer vn Prince Tyran: que si l'on n'est assisté de la voix publique du peuple, il fault prendre conseil des hommes doctes & graues: O que les affaires humaines se porteroient bien, s'il se trouuoit plusieurs hommes de grand courage, &c.* Duquel passage l'Autheur de l'Apologie contre l'Anticoton entend parler, ainsi que ces propres termes le demonstrent, pag. 44. de l'edition de Paris: *Ce n'est pas*, dit-il, *que Mariana n'ait failly quand il a determiné le iugement public à l'approbation des doctes, &c.*

Icy l'on doit remarquer que ce premier passage est comme la conclusion de tout ce que Mariana traicte au Chapitre 6. & contient deux parties, la premiere desquelles appartient à la question de droit que Mariana dict estre si notoire & euidente, que l'on n'en peut aucunement douter. C'est pourquoy il n'en parle point en cest endroict, sinon qu'il appelle question de droict, *Estre permis de tuer vn Tyran*: Et se plaint fort de ce qu'il ne se trouue plusieurs Clemens, plusieurs Barrieres, plusieurs Chastels, & Rauaillacs: *O que les affaires humaines*, dit-il, *se porteroient bien, s'il se trouuoit plus grand nombre d'hommes de grand courage, qui mesprisassent leur propre vie & leur salut, pour la liberté de leur patrie: mais le mal est que le desir de conseruer sa vie en retient plusieurs en crainte, & souuentesfois empesche de grandes entreprises*: La seconde partie du mesme passage explique la question de fait, Mariana appelle question de faict, *La declaration ou iugement par lequel vn Prince est declaré Tyran.* Et sur cela il enseigne trois choses; Premierement, qu'il n'appartient à vn ny à plusieurs particuliers de declarer, ou donner sentence pour condamner vn Tyran; Secondement, que la voix publique du peuple sert de iugement pour declarer vn Prince legitimement conuaincu de tyrannie: Chose qui est tres-faulse & tres-seditieuse: Ioint que le peuple est vn monstre à plusieurs testes, lequel estant eschauffé par quelque seditieuse harangue, courroit incontinent aux armes pour tuer mesmes les meilleurs Princes.

ou bien suyuant les detestables preceptes du 7. Chapitre de Mariana, auroit recours aux poisons: Et en troisiesme lieu, Mariana asseure qu'au deffaut de la voix publique du peuple, l'on doit auoir recours au conseil des hommes doctes & graues: Opinion qui est tres-faulse & tres-seditieuse, & en outre contient vne manifeste contradiction. Mariana se deuoit souuenir qu'en ce mesme passage il auoit disertement enseigné, que la declaration ou iugement pour condamner le Tyran, ne dependoit ny d'vn seul, ny de plusieurs particuliers: neantmoins il l'a defere maintenant aux hommes doctes & graues: Mais si nostre Sauueur en S. Luc chapitre 12. voyant vn certain homme qui l'importunoit de commander à son propre frere qu'il partageast auec luy la succession & heredité commune de leur pere, respondit en ces termes, *Mon amy, qui m'a estably sur vous autres pour Iuge & distributeur des possessionns terriennes?* Combien est-il moins permis à ces doctes & graues personnages, de quelque qualité qu'ils puissent estre, de declarer les Princes Tyrans, & les exposer à la fureur des meurtriers, qui leur a donné ceste auctorité?

Donc ce n'est pas en vne seule chose que Mariana a failly en ce premier passage, ains en plusieurs tres-importantes au salut public, & à la vie des Rois & des Princes: Ioinct qu'il defere la declaration & l'execution, c'est à dire, qu'il permet aux particuliers de declarer & tuer les Tyrans: Et consequemment il destruict non seulement l'authorité, mais aussi la doctrine & definition du Concile de Constance, & des Decrets de Sorbonne: au moyen dequoy il ne conuient en rien du monde auec iceux, quoy que vueille dire l'Autheur de l'Apologie par ces termes ambigus, *Ne disant en cela que ce qui est au Concile de Constance, & aux Decrets de Sorbonne: Ce n'est pas qu'il n'ait failly quand il a determiné, &c.*

Icy nous prions le Lecteur de remarquer s'il y a aucune

cune chose en ce premier passage, qui ayt peu seruir à destourner l'execrable Rauaillac de sa maudite entreprise, & s'il y a suject de dire, qu'il seroit à desirer qu'il eust leu Mariana.

Examinons, l'autre passage qui est sur la fin du 6. chapitre page 62. & 63. de l'edition de Maience où Mariana ayant resolu que l'Authorité du Concile de Constance ne doit apporter aucun scrupule aux particuliers qui voudront attenter à la vie des Princes, parce qu'il tient ledit Cōcile pour illegitime. En suitte de cela, il rend la raison qu'il pense auoir induict les Peres du Concile à condamner ceux qui entreprennent de tuer les Tyrans, & en parle ainsi, *A proprement parler les Peres auoient intention de condamner la vanité de Iean Petit Theologien de Paris, lequel excusoit le meurtre du Duc d'Orleans commis à Paris par le Duc de Bourgongne, soubs pretexte qu'il estoit loisible aux particuliers de leur priuee authorité de tuer vn Tyran: Chose qui n'est point licite, principalement quand on viole son serment, ainsi qu'auoit faict le Duc de Bourgongne: & quand l'on n'a pas attendu la sentence du Superieur quand l'on a moien de l'obtenir; car c'est ainsi que les Peres du Concile parlent.*

Mais tant s'en faut que le susdict passage puisse confirmer le dire de l'Autheur de l'Apologie, qu'au contraire il pourroit seruir pour iustifier le detestable parricide de Rauaillac: & mōstre clairement que Mariana ne s'accorde en façon du mōde auec le Concile de Constance, puis qu'il en falsifie le decret, afin d'en aneantir la doctrine & resolution; car ces termes, *C'est à sçauoir quād l'on a le moyen d'obtenir la sentence du Superieur,* ne se trouuent point aux Actes du Concile: neantmoins Mariana afferme confidemment, *Que les Peres du Concile parlent ainsi:* & d'auantage conclud, *à contrariis*, que le Concile a definy estre loisible aux particuliers de leur priuee authorité de tuer les Tyrans en deux cas: Premierement, pourueu que l'on ne viole aucun serment particulier, ainsi que le Duc de Bourgongne l'auoit violé, ayant faict amitié auec le Duc d'Orleans confirmee par vn serment special: Secondement, lors que l'on ne peut auoir la sentence du Superieur pour declarer le Tyran: Voicy sa resolution en la page 60. de l'edition de Maience, *Vous demanderez dict Mariana, ce qu'il faut faire au cas que l'on ne puisse assembler les Estats, chose qui peut souuent arriuer: Certainement selon mon aduis l'on doit faire ce que l'on feroit si la Republique estoit opprimee par la tyrannie du Prince: car le moyen estant osté aux Citoyens de s'assembler, la volonté pourtant ne leur manque de ruiner la tyrannie, de venger les meschancetez notoires & insupportables du Prince, & de reprimer ses cruels efforts, comme s'il renuersoit la Religion du pays, & introduisoit en l'Estat les ennemis publics: quant à moy i'estimeray celuy qui fauorisant au vœu & intention publique s'efforcera de tuer vn tel Prince, n'auoir commis aucune iniquité.* Or nous reduirons toutes ces preuues à vn sillogisme:

Quiconque falsifie la constitution du Concile de Constance, sur laquelle le decret de Sorbonne est singulierement fondé, n'est aucunement d'accord, ny auec le mesme Concile, ny auec le decret de Sorbonne: Mariana falsifie la constitution du Concile de Constance, sur laquelle le decret de Sorbonne est singulierement fondé: Donc Mariana n'est aucunement d'accord ny auec le Concile de Constance, ny auec le decret de Sorbonne: Que Mariana ayt falsifié le Concile de Constance, il a esté verifié cy-dessus, quand l'on a monstré que ces termes solemnels ne se treuuent point aux actes du Concile, *C'est à sçauoir, quand l'on a moyen d'obtenir la sentence du Superieur, car c'est ainsi que les Peres parlent.*

Pour conclusion de ceste dispute, l'on dit premierement que l'Autheur de l'Apologie trauaille en vain pour monstrer que Mariana enseigne disertement & expressément qu'vn Prince legitime ne peut estre tué par vn particulier de son authorité priuee: veu que Mariana enseigne disertement & expressément qu'il est loisible aux particuliers de leur authorité priuee de tuer le Prince soubs couleur de Tyrannie, 1. quand l'on ne peut assembler les Estats: 2. quand l'on ne peut auoir la sentence du superieur pour le declarer Tyran: 3. souz le vœu & intention publicque: qui sont toutes propositions seditieuses.

Secondement, c'est aussi en vain que le mesme autheur asseure que Mariana est d'accord en quelque chose auec le Concile de Constance, & les decrets de Sorbonne: veu que Mariana disertement & nommément aneantit l'authorité, & falsifie le decret du Concile de Constance, sans lequel la Conclusion de Sorbone du quatriesme Iuin, mil six cents dix ne peut aucunement subsister.

En troisiesme lieu, d'autant qu'il se trouue des personnes qui veulent persuader que l'on peut donner vn bon sens aux propositions de Mariana; l'on oppose à cela ce que Gerson respondit à ceux qui vouloiẽt colorer aucunes des propositions de Iean Petit, *Intelligentiam Doctorum assumendam ex causis dicendi, combinando conclusionem cum præmissis, & præmissas cum probationibus ad inuicem. Cæterum etsi verum esset id quod allegatur de exponibilitate ad aliquem sensum verum, nihilominus propter casus longè plures falsissimos, & notoriè scandalosos, redderentur condemnandæ.* En somme, qu'il se faut bien garder d'exposer la vie des Roys & des Princes à la mercy des assassins, soubs pretexte de quelques subtilitez & ponctilles de l'Escholle: & que les passages de Mariana ne peuuent seruir qu'à excuser & iustifier Rauaillac. Partant c'est mal a propos que l'on dict, *Qu'il seroit en certaine maniere à desirer que Rauaillac eust leu Mariana,* veu que la lecture de cet Autheur, mesmes aux passages plus fauorables, ne pouuoit que d'auantage resoudre & obstiner ce monstre execrable en sa damnable opinion.

Ensuit la teneur de l'approbation des Docteurs mentionnez en la Censure & Discours susdicts.

NOVS soussignez Docteurs en la Faculté de Theologie, en l'Vniuersité de Paris, certifions à tous & vn chascun auoir veu & leu diligemment le present Liure intitulé, *Responce Apologetique à l'Anticoton, & à ceux de sa suitte*, composé par vn des Peres de la compagnie de IESVS, & n'y auoir rien troué qui ne soit tres-conforme à la doctrine de l'Eglise Catholique, Apostolique & Romaine, des Vniuersitez de la Chrestienté, *& particulierement de la Faculté de Theologie de Paris*; au contraire testifions y auoir remarqué plusieurs points fort notables, tant pour descouurir les ruses & calomnies des heretiques, qui sous le nom des *Iesuites* attaquent furieusement le corps vniuersel de l'Eglise, que pour refuter & rembarrer pertinemment leurs heresies. Faict *en Sorbonne* ce deuxiesme de Ianuier, mil six cents vnze.

FORGEMONT.	R. DE GAZIL.
FORTIN.	A. DV VAL.

CENSVRA SACRÆ FACVLTATIS THEOLOGIÆ *Parisiensis aduersus quatuor propositiones, excerptas ex libro ita inscripto,*

Trois tres-excellentes Predications prononcées au iour & feste de la beatification du glorieux Patriarche le bien-heureux Ignace, fondateur de la Compagnie de IESVS.

ANNO Domini millesimo sexcentesimo vndecimo, die prima Octobris, Sacra Theologiæ Facultas Parisiensis post solennem Missam de Sancto Spiritu, sua ordinaria habuit comitia, in aula Collegij Sorbonæ, in quibus honorandus Magister Ioannes Filesac, doctor eiusdem Facultatis, Curio Sancti Ioannis, & Ecclesiastes Parisiensis Ecclesiæ, retulit aliquot viros doctos graues ac pios huius vrbis, ad se detulisse quendam librum inscriptum, Trois tres-excellentes Predications, prononcees au iour & feste de la beatification du glorieux Patriarche, le bien-heureux Ignace, fondateur de la Compagnie de IESVS Par le Reuerend Pere & Docteur F. P. de Valderame Prieur du Conuent de sainct Augustin de Seuille. Le R. Pere & Docteur F. Pierre Deza de l'Ordre S. Dominique au Conuent de Valence. Le Reuerend Pere presenté frere Iacques Rebullosa, du mesme ordre S. Dominique, en la cité de Barcelonne, & cæt. imprimé à Poictiers par Antoine Mesnier, Imprimeur & Libraire ordinaire du Roy, En l'Vniuersité, 1611. *Prædictos autem viros graues, scire percupere, vtrum Facultas Parisiensis, gratam ratam habeat approbationem earundem trium concionum, factam à fratre Magistro Matthæo le Heurt doctore eiusdem Facultatis, & quid præsertim sentiat de quatuor articulis sequentibus, qui permultis Catholicis offendiculum præbent.*

Primus habetur in concione fratris Petri de Valderama pagina 54. & 55. Nous sçauons bien que Moyse portant sa baguette en main, faisoit de tres-grands miracles en l'air, en la terre, en l'eaüe, és pierres, & en tout ce que bon luy sembloit, iusques à submerger Pharaon auec son armee dans la mer rouge. Mais c'estoit l'ineffable nom de Dieu, que le docte Tostat Euesque d'Auilla dit auoir esté graué en ceste verge ou baguette, lequel operoit ces merueilles; Ce n'estoit pas si grand cas que les creatures voyans les ordonnances de Dieu leur souuerain Roy & Seigneur, soubscriptes de son nom, luy rendissent obeissance. Ce n'estoit pas aussi grande merueille, que les Apostres feissent tant de miracles, puis que c'estoit tout au nom de Dieu, par la vertu & pouuoir qu'il leur en auoit donné, le marquant de son cachet, *In nomine meo dæmonia eijcient, linguis loquentur nouis*, &c. Mais qu'Ignace auec son nom escrit en papier, face plus de miracles que Moyse, & autant que les Apostres, que son signet aye tant d'authorité sur les creatures, qu'elles luy obeissent soudain, c'est ce qui le nous rend grandement admirable.

Secundus, pagina 91. eiusdem concionis, Tandis qu'Ignace viuoit, sa vie & ses mœurs estoient si graues, si sainctes, & si releuées, mesme en l'opinion du ciel qu'il n'y auoit que les Papes, comme S. Pierre, les imperatrices, comme la mere de Dieu, quelque souuerain Monarque, comme Dieu le Pere, & son S. Fils, qui eussent le bien de le voir.

Tertius, in concione Fratris Petri D'eza, pagina 111. *&* 112. Sans doute, les autres fondateurs des ordres Religieux furent ennoyez en faueur de l'Eglise, &c. *Nouissime autem diebus istis loquutus est nobis in filio suo Ignatio, quem constituit hæredem vniuersorum*, & auquel il ne manque autre poinct de cette loüange, que, *per quem fecit & sæcula.*

Quartus, extat in concione Fratris Iacobi Rebullosa, pagina 207. Le Martyr Ignace portoit vne tant particuliere affection au sainct Pere & Pape de Rome, comme au legitime successeur de Iesus-Christ, & son Vicaire en terre.

Qua audita supplicatione, & præfatis quatuor articulis mature ac diligenter consideratis, attendens, ex verbis etiam male prolatis hæreses nasci, vt apud Magistrum Sententiarum docet B. Hieronymus (non obstante intercessione honorandi Magistri Andreæ du Val, asserentis prædicta omnia benignis interpretationibus posse approbari) Censuit,

Quo ad primum articulum, istam loquendi formulam, quæ nomen creaturæ nomini Dei omnipotentis æquari videtur; præterea extenuantur miracula, eo quod Dei nomine edita fuerint; denique, miracula non ita certa miraculis indubitata fide Catholica tenendis præferuntur, esse scandalosam, erroneam, blasphemam, atque impiam.

Quo ad secundum, istam assertionem, quæ fingit aliquid boni Deo accessisse ex visione creaturæ, scandalosam esse, ac manifestam hæresim præ se ferre.

Quo ad tertium, accommodationem huius textus litteralis D. Pauli, Nouissime autem, &c. *alteri quàm Christo, esse scandalosam, erroneam, ac meram blasphemiam, & impietatem redolere.*

Quo ad vltimum articulum, duas habere partes inter se pugnantes, quarum altera, alteram destruit: & posterior quidem, videlicet Papam esse Vicarium Christi in terris, Catholica est: Prior vero, Papam esse legitimum successorem Christi, modum loquendi continet omnino hæreticum.

Signatum, C. Petit Iean.

CENSVRE DE LA SACREE FACVLTE' DE Theologie de Paris, contre quatre propositions, tirees d'vn liure, ainsi intitulé,

Trois tres-excellentes predications, prononcees au iour & feste de la beatification du glorieux patriarche, le bien-heureux Ignace, fondateur de la compagnie de IESVS.

L'AN de nostre SEIGNEVR, 1611. le premier iour d'Octobre, La sacree Faculté de Theologie de Paris, apres auoir solennellement celebré la Messe du sainct esprit, a tenu son assemblee ordinaire, en la Salle du College de Sorbonne, en laquelle honorable Maistre Iean Filesac Docteur de ladite Faculté, Curé de sainct Iean, & Theologal de l'Eglise de Paris, a remonstré, Que quelques personnes de ceste ville, doüés de pieté, Auctorité & Doctrine, luy ont apporté vn Liure intitulé, *Trois tres-excellentes Predications, prononcees au iour & feste de la beatification du Glorieux Patriarche, le bien-heureux Ignace, Fondateur de la Compagnie de* IESVS, *par le Reuerend Pere & Docteur, Frere Pierre de Valderame, Prieur du Conuent de sainct Augustin, de Seuille: Le Reuerend Pere & Docteur, Fr. Pierre Deza, de l'Ordre sainct Dominique, au Conuent de Valence; le Reuerend Pere Presenté frere Iacques Rebullosa, du mesme ordre sainct Dominique, en la Cité de Barcelonne, &c. Imprimé à Poictiers par Antoine Mesnier, Imprimeur & Libraire ordinaire du Roy, en l'Vniuersité, mil six cents vnze.* Et que lesdictes personnes d'auctorité, desirent fort sçauoir, Si la Faculté de Paris, a aggreable & ratiffie l'approbation de ces trois Sermons, faite par Frere Matthieu le Heurt, Docteur en la mesme Faculté, & principalement quel est son aduis des quatre articles suiuãts, qui donnent scandale à vn grãd nombre de Catholiques.

Le premier est ainsi couché au Sermon de Frere Valderame, pag. 54. & 55.

Nous sçauons bien que Moyse portant sa baguette en main faisoit de tres-grands miracles, en l'air, en la terre, en l'eau, és pierres, & en tout ce que bon luy sembloit, iusques à submerger Pharaon auec son armee dans la mer rouge. Mais c'estoit l'ineffable nom de Dieu, que le docte Tostat Euesque d'Auilla, dit auoir esté graué en ceste Verge ou Baguette, lequel operoit ces merueilles. Ce n'estoit pas si grand cas, que les creatures voyans les Ordonnances de DIEV, *leur souuerain Roy &* SEIGNEVR, *soubscriptes de son nom, luy rendissent obeissance. Ce n'estoit pas aussi grande merueille, que les Apostres fissent tant de miracles, puis que c'estoit tout au nom de Dieu par la vertu & pouuoir, qui leur en auoit donné, le marquant de son cachet:* In nomine meo dæmonia eijcient, linguis loquentur nouis, &c. *Mais qu'Ignace auec son nom escrit en papier, face plus de miracles que Moyse, & autant que les Apostres, que son signet aye tant d'authorité sur les creatures quelles luy obeissent soudain, c'est ce qui le nous rend grandement admirable.*

Le second en la page quatre vingts vnze du mesme Sermon. *Tandis qu'Ignace viuoit, sa vie & ses meurs estoiët si graues, si sainctes, & si releuees, mesme en l'opinion du Ciel, qu'il n'y auoit que les Papes, comme sainct Pierre; les Imperatrices, comme la Mere de Dieu: quelque souuerain monarque, comme Dieu le Pere, & son sainct Fils, qui eussent le bien de le voir.*

Le troisiesme, au Sermon de Frere Pierre Deza, page 111. & 112. *Sans doubte, les autres fondateurs des ordres Religieux furent enuoyez en faueur de l'Eglise, &c.* Nouissime autem diebus istis loquutus est nobis in filio suo Ignatio, quem constituit hæredem vniuersorum: *& auquel il ne manque autre poinct de cette louange, que,* per quem fecit & sæcula.

Le quatriesme est au sermon de frere Iacques Rebulloza, pag. 207. *Le martyr Ignace portoit vne tant particuliere affection au Sainct Pere & Pape de Rome, comme au legitime successeur de Iesus Christ, & son Vicaire en terre.*

Laquelle Remonstrance entenduë, & les quatre susdits Articles meurement & diligemment examinez, la Faculté, considerant que les heresies naissent mesme des paroles mal exprimees, comme l'enseigne sainct Hierosme dans le Maistre des Sentences, (nonobstant l'opposition d'honorable M. André du Val, disant, que lesdits Articles se peuuent benignement interpreter:) est d'auis,

Quant au premier Article, que cette maniere de parler, par laquelle le nom de la creature semble estre esgalé au nom de Dieu Tout-puissant, & outre, les miracles sont amoindris & diminuez pour auoir esté faicts au nom de Dieu, & finalement, des miracles incertains sont preferez aux miracles qui doiuent estre tenus pour Articles de Foy, est scandaleuse, erronee, blasphematoire, & impie.

Quant au second Article, que cette assertion feignant que Dieu a receu quelque bien par la vision d'vne creature, est scandaleuse, & contient en soy vne heresie manifeste.

Quant au troisiesme, Que l'accõmodation du texte literal de sainct Paul (*en ces derniers iours*, &c.) à vn autre qu'à Iesus Christ, est scandaleuse, erronee, & ressent vn pur blaspheme, & impieté.

Quant au dernier Article, qu'il contient deux parties toutes contraires, l'vne desquelles destruit l'autre: car la derniere, *Sçauoir que le Pape est Vicaire de Iesus Christ en terre*, est Catholique; Mais la premiere, sçauoir, *Que le Pape, est legitime successeur de Iesus Christ*, contient vne forme de parler du tout heretique.

Signé, PETIT-IEAN.

CENSVRE
FAICTE PAR
LES EVESQVES
DE LA PROVINCE DE SENS
d'vn Liure intitulé,

De Ecclesiastica & Politica potestate,

AVEC LA RESERVATION DES droicts du Roy, & de la Couronne de France, droicts, immunitez, & libertez de l'Eglise Gallicane,

PVBLIEE AVX PROSNES DES MESSES Parrochiales, le 18. de Mars 1612. par l'ordonnance de Monsieur l'Euesque de Paris.

ET QVELQVES PROCEDVRES contre ladicte Censure.

ET ORDONNANCES DES ROYS FRANÇOIS I. ET HENRY II. auctorisants les Articles faicts par la Faculté de Theologie de l'Vniuersité de Paris, le 10. de Mars 1542. desquels aulcunes des propositions rapportez au Liure *de Ecclesiastica potestate*, sont tireez.

(·.·)

M. DC. XII.

LA CENSVRE FAICTE PAR les Euesques de la prouince de Sens, d'vn Liure intitulé, *de Ecclesiastica & Politica potestate.*

IACQVES par la permission diuine, Cardinal de la saincte Eglise Romaine, du tiltre de saincte Agnes *in Agone*, dit du Perron, Archeuesque de Sens, Primat des Gaules & de Germanie: Henry Euesques de Paris, François Euesques d'Auxerre, Iean Euesques de Meaux, Gabriel Euesque d'Orleans, René Euesques de Troyes, Eustache Euesque de Neuers, & Philippes Euesque de Chartres, prouincialement assemblez: A tous ceux qui ces presentes lettres verront, Salut en nostre Seigneur. Comme ainsi soit que le deuoir de nos charges nous oblige, non seulement d'enseigner la verité Chrestienne à ceux dont le soing nous est commis, mais aussi d'empescher diligemment que les opinions nouuelles, erronees, & pernicieuses ne se glissent & espandent dedans les esprits, à la ruine & subuersion de l'Eglise. A ces causes, apres auoir veu & examiné vn Liure sans nom d'Autheur & d'Imprimeur, intitulé, *de Ecclesiastica & Politica potestate*, Nous l'auons iugé & declaré digne de Censure & condamnation; & de fait le censurons & condamnons pour plusieurs propositions, expositions & allegations qui y sont contenuës, fausses, erronees, scandaleuses, & comme elles sonnent, schismatiques & heretiques; *Sans toucher neantmoins aux droicts du Roy, & de la Couronne de France, droicts, immunitez & libertez de l'Eglise Gallicane.* Et partant defendons à tous les fideles Chrestiens sur qui Dieu nous a constituez, dont le salut fait partie du nostre, de l'auoir, & de le lire, & aux Imprimeurs & Libraires de l'imprimer, vendre & publier, sur peine des censures Ecclesiastiques. Et enioignons à tous les Curez de nos Dioceses de les en aduertir. En foy & tesmoignage dequoy nous auons signé les presentes, & fait seeller de nos cachets, & contresigner par Me Iean Baudouyn, Notaire public & Apostolique Iuré en la Cour Episcopale de Paris, lequel nous auons pris pour Secretaire en ceste part. Faict à Paris en nostre Congregation prouinciale, le Mardy 13. iour de Mars, l'an de salut 1612. Signé en la minute originale, Iacques Cardinal du Perron, Archeuesque de Sens. H. E. de Paris. François Euesque d'Auxerre. Iean Euesque de Meaux. Gabriel Euesq. d'Orleans. René Euesque de Troyes. Eustache Euesque de Neuers. Philippes Euesques de Chartres. Et plus bas, pour copie collationnee à l'original, Par commandement de Messeigneurs les Reuerendissimes Cardinal Archeuesque de Sens, & Euesques susdits, BAVDOVYN pour Secretaire.

HENRY de GONDY *par la permission diuine Euesque de Paris, Aux Archiprestres de sainte Marie Magdaleine & de sainct Seuerin, Salut. Nous vous mandons signifier à tous Curez ou Vicaires des Eglises Parochiales de ceste ville & fauxbourgs de Paris, qu'ils ayent à lire & publier en leurs prosnes Dimanche prochain la Censure en la forme & maniere cy-dessus contenuë. Fait à Paris le 16. Mars, 1612.*

Signé, BAVDOVYN.

CENSVRA LIBRI DE *Ecclesiastica & Politica potestate, facta ab Episcopis prouinciæ Senonensis.*

NOS IACOBVS miseratione diuina sanctæ Agnetis in Agone sanctæ Romanæ Ecclesiæ Presbyter Cardinalis Perronius nuncupatus, Archiepiscopus Senonensis, Galliarum & Germaniæ Primas, Henricus Parisiensis, Franciscus Antisiodorensis, Ioannes Meldensis, Gabriel Aurelianensis, Renatus Trecensis, Eustathius Niuernensis, & Philippus Carnotẽsis, Episcopi prouincialiter congregati, vniuersis præsentes literas inspecturis, salutem in Domino. Cum nobis ex dignitatis & prouinciæ nostræ munere non magis incumbat fideles nobis subditos Christi veritatem docere, quam sedulo animaduertere & obseruare ne nouæ erroneæ & peruersæ sententiæ in eorum animos irrepant & in Ecclesiæ perniciem impune grassentur, libellum cui absque nomine & auctoris, & Typographi titulus est, *de Ecclesiastica & politica potestate*, diligenter lectum & expensum censura & damnatione dignum iudicauimus & declarauimus, & reipsa notamus & damnamus ob multas quas continet propositiones, expositiones, & allegationes falsas, erroneas, scandalosas, & vt sonant schismaticas & hæreticas, *Iuribus tamen tam regis quam Ecclesiæ Gallicanæ eiusque immunitatibus & libertatibus per nos non tactis*. Quocirca omnibus fidelibus Christianis nobis subditis, quorum salus nostræ partem facit eius libelli possessione, attrectatione, & lectione interdicimus, & à Typographis & bibliopolis vendi aut typis cudi prohibemus. Qui secus fecerint pœnis & censuris Ecclesiasticis obnoxios volumus & denunciamus. Præterea cunctis diœcesum nostrarum parrochis vt eis notum faciant mandamus atque iniungimus. In quorum præmissorum fidem & testimonium has præsentes literas manibus nostris subscripsimus ac per Magistrum Ioannem Baudouyn publicum auctoritate Apostolica Curiæque Episcopalis Parisiensis Notarium iuratum, per nos in hac parte pro secretario assumptum fieri & signari, sigillorumque nostrorum appensione muniri fecimus. Actum Parisiis in nostra congregatione prouinciali anno domini millesimo sexcentesimo duodecimo die Martis 13. mensis Martij.

PROCEDVRES FAICTES EN la Cour de Parlement contre la susdite Censure, a sçauoir,

Vn relief d'appel.

Requeste à la Cour de Parlement.

Arrest de communication à Monsieur le Procureur general du Roy.

Les conclusions de Monsieur le Procureur general du Roy.

RELIEF D'APPEL.

LOVYS par la grace de Dieu, Roy de France & de Nauarre, Au premier nostre Huissier de nostre Cour de Parlement de Paris, ou autre Huissier, ou Sergent sur ce requis, Salut: De la partie d'Emon Richer, Docteur & Sindic de la Faculté de Theologie de nostre ville de Paris, nous a esté exposé qu'il a faict vn petit discours en langue Latine, intitulé *de Ecclesiastica & Politica potestate*, auquel sont traictees plusieurs questions concernant l'authorité souueraine que nous auons de Dieu sur tous nos subiects Ecclesiastiques & Laïques, les droicts augustes de nostre Couronne, & les droicts & libertez de l'Eglise Gallicane, selon la doctrine ancienne de la faculté de Theologie, tenuë & enseignee de tout temps en nostre Vniuersité de Paris: Et combien que toutes les propositions rapportees en ce discours soyent veritables, orthodoxes, & tirees des Peres anciens, qui ont eu tres-grand nom de temps en temps en l'Eglise Catholique, neantmoins aussi tost qu'il a paru au iour, les aduersaires de l'exposant, ausquels ceste doctrine est desagreable, ont employé tous moyens afin de la faire reprouuer & censurer, pour en suitte de la censure, noter l'exposant d'estre asserteur de doctrine nouuelle, ſcandaleuſe, Schiſmatique & Heretique, ce qui pourroit exciter tous nos ſujets Catholiques à auoir en horreur la preſence dudit expoſant & ſon nom en indignation: De faict par voyes extraordinaires & artifices blaſmables, ils ont viſité, brigué, & ſolicité pluſieurs particuliers Docteurs de la Faculté de Theologie, à deſſein de les induire à condamner ce diſcours, & demander la reuocation du Sindicat de l'expoſant; dequoy noſtre Cour de Parlement deuement informee, auroit à la Requeſte de noſtre Procureur general en icelle, mandé les Doyen, ſenieurs & l'expoſant Sindic de la Faculté, & apres les auoir ouys, a rendu ſon Arreſt, le premier Feurier, mil ſix cents douze, par lequel eu eſgard à l'importance & merite de l'affaire, elle s'eſt ſaiſie de la matiere, ayant ordonné que les exemplaires du diſcours ſeroient apportez au greffe par l'expoſant, & cependant iuſques à ce qu'elle ſe ſoit eſclaircie, de choſe qui regarde noſtre ſeruice ſur le ſubject de ce diſcours, a enjoinct aux Doyen, Senieurs & Docteurs de la faculté de Theologie ſur-ſoir ſur-ce toute deliberation: Au meſpris & en fraude de cet Arreſt, on a eu recours à vn autre expedient, pour paruenir à la cenſure de l'eſcrit de l'expoſant, ſçauoit par l'entremiſe de douze ou treize Prelats, de diuerſes Prouinces de noſtre Royaume, trouuez lors en noſtre ville de Paris, leſquels de leur auctorité & ſans lettres de nous deuement expediees & verifiees en noſtre Parlement, ſe ſont aſſemblez pluſieurs fois pour examiner ledit eſcrit, & reſoudre la cenſure d'iceluy; ce que n'ayants peu faire, ils ont changé de deſſein, & compoſé en vn moment vne pretenduë congregation Prouincialle des Eueſques ſuf-fragans de l'Archeueſché de Sens deputez & enuoyez en noſtre ville de Paris, par le Clergé de leurs Dioceſes, non pour vacquer à la confection de la cenſure ſuſdicte, mais pour elire vn agent de ladicte

Prouince

Prouince & des deputez, pour ouyr les comptes de Castille en l'assemblee generale: En ceste pretenduë Congregation tenuë par huict Prelats de leur authorité & sans permission de nous en bonne & deuë forme, sans indiction & conuocation prealablement requise par nos ordonnances, sans ouyr & appeller l'exposant, lequel la pluspart desdits Prelats cognoissent & sçauent auoir composé le traicté *de Ecclesiastica & Politica potestate*, par acte du treiziesme Mars, mil six cents douze, on a censuré & condamné ledit traicté, sous pretexte qu'il contient, ainsi que l'on veut pretẽdre, plusieurs propositions, expositions, & allegations fausses, erronnees, scandaleuses, & comme elles sonnent, Schismatiques & Heretiques, sans toucher neantmois à nos droicts & de nostre Couronne de France, droicts immunitez & libertez de l'Eglise Gallicane.

Contre laquelle censure, outre les abus resultans de ce qui a esté cy-dessus representé, on peut adjouster quelle est faicte par entreprise manifeste, contre nostre authorité, & de nostre Parlement, & au mespris de l'Arrest du premier Feburier; par lequel la Cour s'estant saisie de l'escript de l'exposant, pour le merite des questions qui y sont traittees, & ayant enjoint aux Docteurs de la Faculté de surseoir toute deliberation sur ce subject, tous ceux qui se pouuoient attribuer droict de censure sur le mesme escript, de quelque dignité & qualité qu'ils fussent, auoient les mains liees, & ne leur estoit loisible d'y toucher, que la surseance interposee par nostredite Cour, n'eust esté ostee & leuee: D'ailleurs, il est constant que cinq des Prelats* qui ont soubscript la censure susdite, n'ont assisté à l'examen de l'escript par eux condamné, d'où il s'ensuit qu'ils ont rendu leur iugement sans cognoissance prealable & necessaire, ce qui est fort estrange, inoüy, & abusif: Mais ce qui tient le haut degré d'abus en ceste pretenduë

* Sçauoir, Messieurs les Euesques d'Auxerre, de Meaux, de Troyes, de Neuers, & de Chartres.

condamnation, est que la censure est generale, vague & incertaine, & la reseruation pareillement; de sorte que par vn mesme acte, on condamne & confirme, reprouue & approuue vn mesme escript en termes generaux & indefinis, sans expression & designation, ny de ce qui est condamné, ny de ce qui est reserué & excepté. Et parce que de ceste ambiguité & incertitude, il se pourroit former aux esprits de nos subjects diuerses imaginations scrupuleuses, dont peuuent naistre infinis inconueniens perilleux, pour leuer tout pretexte à vn chacun de iuger sinistrement de la sincerité de l'intention de l'exposant, & retrancher toute occasion de scandale au peuple, il declare & fait offre par ces presentes, qu'il est prest pour la iustification & esclaircissement du traicté par luy composé, rendre raison de la doctrine contenuë en iceluy, pardeuant toutes personnes capables, non suspectes de faueur ou de hayne, ny engagees en la doctrine contraire; confirmer les propositions qui gisent en preuue, expliquer & interpreter celles qui semblent requerir interpretation, le tout par Autheurs Catholiques authorisez, & non censurez, qui ont escript auparauant les diuisions de la religion suruenuës en l'Eglise depuis cent ans; & mesmes monstrer & iustifier que la doctrine contenuë audit traicté, est la doctrine ancienne de la faculté de Theologie fondee en nostre ville de Paris, à l'obseruation & enseignement de laquelle, tous nos sujects de quelque dignité & qualité qu'ils soient, sans nul excepter, sont obligez & astraints par les ordonnances de l'Eglise de nostre Royaume, authorisees de nous en nos Ordonnances, & Arrests de nos Cours, sans qu'il soit loisible à aucun d'y rien innouer, ou y varier en quelque sorte que ce soit. Et soubs ces offres, pour le prejudice qui est faict à l'exposant par la pretenduë Censure interuenuë contre son escrit, afin que personne en consequence d'icelle ne puisse donner attainte à son honneur, & au nom & recommandation qne son trauail, & ses veilles, luy ont acquis depuis trente ans, qu'il fait profession des lettres en l'Vniuersité de nostre ville de Paris, il proteste, & declare que tout autre remede luy manquant: *Il a esté contrainct se pourueoir par appel comme d'abus contre icelle censure, ensemble contre ce qui s'en est ensuiuy, & pourroit ensuiure cy apres*, mesme contre la publication iniurieuse & scandaleuse dicelle, faicte le Dimanche dix-huictiesme de Mars, mil six cents douze, aux prosnes des Paroisses de nostre ville de Paris, comme de fait il en appelle par ces presentes à nous & à nostre Cour de Parlement de Paris, où ledit appel resortist, tant pour les moyens cy-dessus exprimez que autres, qu'il deduira en temps & lieu.

POVR ce est-il que nous te mandons par ces presentes, que à la requeste dudit exposant tu intimes en leur propres & priuez noms, nostre cher & bien amé cousin Iacques Dauy Cardinal du Perron, Archeuesque de Sens, & nostre amé & feal Henry de Gondy Euesques de Paris, qui ont rendu ladicte censure auec autres Prelats suffragans de l'Archeuesché de Sens, à certain & competant iour en nostre Cour de Parlement de Paris, pour soustenir & defendre ladite censure si bon leur semble, & la publication qui s'en est ensuiuie, voir declarer le tout, nul, abusif, iniurieux & scandaleux, & proceder en outre comme de raison, & leur faicts inhibitions & defences de par nous sur grande peine, de n'attenter ou innouer aucune chose contre ledit exposant, au preiudice dudit appel: & de tout ce que faict auras, certifie nos amez & feaux les gens tenans nostredite Cour de Parlement de Paris, ausquels nous mandons faire aux parties ouyes bon & brief droit: Car tel est nostre plaisir. Donné à Paris le iour de l'an de grace mil six cents douze, & de nostre regne le deuxiesme.

REQVESTE PRESENTEE à la Cour.

A NOSSEIGNEVRS de Parlement.

SVpplie humblement Emon Richer, Docteur & Sindic de la faculté de Theologie fondee en l'Vniuersité de Paris ; & vous remonstre qu'apres plusieurs assemblees tenuës en ceste ville de Paris, par douze ou treize Prelats de diuerses Prouinces de ce Royaume, Messieurs les Metropolitain & Euesques diocesains de la Prouince de Sens, se seroient assemblez extraordinairement le 12. de Mars, 1612. au mespris de l'authorité de la Cour, & en ceste assemblee qu'ils ont qualifiee du nom de Congregation Prouinciale, sans aucune conuocation precedente du Clergé de la Prouince, & sans auoir gardé les formes requises & necessaires pour tenir Sinodes, par acte du 13. Mars, 1612. ils ont condamné & censuré vn petit traicté de la composition du suppliant, intitulé, *De Ecclesiastica & Politica potestate*, dont les exemplaires auoient esté deposez au Greffe de la Cour, de l'ordonnance d'icelle, auparauant lesdites assemblees: en suite dequoy ils ont fait publier ladite censure aux Prosnes des Paroisses de ceste ville, & autres lieux de ladite Prouince. Contre lequel acte & publication le suppliant ayant esté conseillé se pouruecoir par appel comme d'abus ; il a fait dresser & mettre au seau le relief cy attaché, qui a esté refusé. Ce consideré, Nosseigneurs, attendu le refus fait de seeller ledit relief, & que lesdites assemblees ont esté faictes contre les formes prescriptes par les ordonnances, & par entreprise manifeste contre l'authorité de la Cour qui estoit saisie de la matiere, & en laquelle le suppliant auoit offert, comme il offre encore,

core, iustifier la doctrine contenuë audit traitté, par deuant toutes personnes non suspectes, selon qu'il est accoustumé, & a tousiours esté prattiqué en semblables occurrences: il vous plaise receuoir ledit suppliant appellant comme d'abus de ladite Censure & publication faicte en suitte d'icelle, tant en ceste ville, qu'ailleurs, le tenir pour bien releué, & luy permettre faire intimer en la Cour sur ledit appel, tous ceux qu'il appartiendra, & ferez bien.

Signé, RICHER, DACOLLE.

ARREST DE LA COVR.

SOIT monstré au Procureur General du Roy. Faict en Parlement le treiziesme Apuril, 1612.

CONCLVSIONS DE MONSIEVR *le Procureur General du Roy.*

IE le consens pour le Roy,

DE BELLIEVRE.

Extraicts des Ordonnances de nos Roys interuenuës pour l'autorisation & obseruation des Articles faicts & arrestez par la Faculté de Theologie de l'Vniuersité de Paris le 10. de Mars 1542. desquels aulcunes des propositions rapportees au Traicté de Ecclesiastica & politica potestate *sont tireez.*

Pour monstrer qu'ils sont passez en loy Publique Gallicane, à laquelle tous les sujects du Roy, de quelque estat, qualité, ou condition qu'ils soient, sans nul excepter, se doiuent conformer, auec toute deuotieuse obeissance.

Extraict de l'Edict du Roy François premier, donné à Paris le vingt-troisiesme Iuillet 1543. verifié en la Cour de Parlement, le dernier iour dudict mois & an: & leu & publié à son de trompe, par les carrefours de la ville de Paris, de l'Ordonnance de ladite Cour, le premier Aoust audit an.

APRES auoir faict voir par nostre Conseil priué, les Articles * de la determination & censure doctrinale de la Faculté de Theologie, de nostre premiere fille l'Vniuersité de Paris: & qu'ils ont esté trouuez entierement conformes à la doctrine & obseruance Catholique, definition & determination de nostre Mere saincte Eglise, *Desquelles comme Roy tres-Chrestien, sommes en nostre Royaume protecteur, garde, conseruateur, & executeur*, Auons entant qu'à nous est, auctorisé & auctorisons lesdicts Articles, ordonné &

* Ces articles sont inserez en cet Edict en Latin, & François, voy les Ordonnances de Fontanon Tome IV. Titre IV. De ce qui concerne nostre

ordonnons, qu'ils soient publiez par tout nostre Royaume, pays, terres & Seigneuries, *gardez, obseruez, & entretenus, sans aucunement y contreuenir* : Exhortant tous les Prelats de nostre Royaume, pays, terres & Seigneuries, de quelque estat, qualité, ou condition qu'ils soient, & *comme conseruateur & executeur susdit*: Leur enioignãt enuoyer à tous & chascuns les Curez, & Vicaires de leurs Dioceses, Eglises Collegiales, Monasteres & Conuents, Mendians & non Mendians d'iceux Dioceses, où l'on a accoustumé prescher la parole de Dieu, vne coppie des presentes, vn vidimus desquelles, voulons estre enuoyé à ceste fin à chacun desdits Prelats: Et commandant tres-expressement par lesdicts Prelats à tous lesdicts Curez, Vicaires, Doyens, & principales Dignitez des Eglises Collegiales, Abbez des Monasteres, Prieurs & Gardiens des Conuents, Mendians & non Mendians, de garder & obseruer entierement le contenu desdicts articles: En leur deffendant tres-expressement d'y contreuenir, & de prescher, en leurdittes Eglises, Monasteres, ou Conuents, aucune chose contraire, repugnante, ou dissonante, au contenu desdicts articles de laditte faculté de Theologie, directement, ou indirectement, apertement, ou par mots couuerts : & que quand ils laisseront aucuns prescher, ils leur facent faire lecture de tout le contenu en ces presentes, afin que s'ils y contreuiennent, ils ne puissent pretendre aucune cause d'ignorance ou excusation : Enioignons aussi comme *Conseruateur & executeur susdict*, à tous lesdicts Prelats de nostredit Royaume, pays, terres & Seigneuries, de quelque qualité qu'ils soiẽt, enquerir, ou faire enquerir diligemment, par leurs Vicaires, Officiaux, ou Promoteurs, contre les transgresseurs du contenu en nosdittes presentes, & qui auroient presché chose contraire, repugnante, ou dissonante au contenu desdits articles, & qu'ils

foy & religion, &c. page 1732. Impression de Nicolas Chesneau à Paris, l'an 1580.

procedét à l'encontre des coulpables diligemment, & promptement les corrigent, & punissent exemplairement, selon les constitutions canoniques: Et en leur impartissant l'ayde & confort de nostre bras seculier, comme faire le deuons. Auons pareillement de nostre part defendu, & defendons tres-expressement; *à tous les subiects ou demeurans en nostredit Royaume, pays, terres & Seigneuries; & autres quelconques qui pourroient venir en iceluy; de prescher publiquement, ou occultement, apertement, ou par mots couuerts, directement, ou indirectement, aucune chose contraire, repugnante, ou dissonante, au contenu desdictes Articles: sur peine d'estre tenus & reputez seditieux; & perturbateurs du repos & tranquillité de nostre republique tres-Chrestienne, occults conspirateurs contre le bien & prosperité de nous, & de nostre estat, rebelles & desobeissans enuers nous & iustice, & comme tels voulons qu'ils soient punis, par tous nos Iuges ressortissants sans moyen en nos Cours de Parlements, chacun en son destroict.*

Si donnons en mandement, à nos amez & feaux, les gens tenans nos Cours de Parlement de Paris, Toulouse, &c. Et autres nos Iusticiers, & Officiers, &c. que ces presentes auec lesdicts articles, & ordonnance dedans inserez, ils facent lire, publier, & enregistrer, ou & ainsi que besoin sera, *& iceux inuiolablement entretenir, garder, & obseruer par lesdicts Predicateurs, & autres qu'il appartiendra:* Car tel est nostre plaisir, &c.

Extraict de l'Edict du Roy Henry second, donné à Chasteau Briant le vingtseptiesme Iuin 1551. verifié en la Cour de Parlement le troisiesme de Septembre audit an.*

*Dans Fontanon Tome 4. Titre 7. de ceux qui se sont desuoyez de la religió Catholique, &c. page 1774. & autres suiuantes.

ARTICLE XLI.

NOVS exhortons aussi tres-instamment les Euesques & Prelats Diocezains de nostre

Royau-

Royaume, qu'ès prosnes qui se feront ès iours du Dimanche, en chacune des Eglises parochiales de leur Dioceses, ils ayent à faire faire lecture des Articles faicts par la Faculté de Theologie de Paris, le 10. iour de Mars, 1552. & ce par les Curez desdittes Eglises, ou leurs Vicaires, donnant l'intelligence d'iceux à leurs paroissiens, & les admonestant de les obseruer, & garder inuiolablement.

Article XLII.

Et aussi enioindront lesdicts Prelats Diocezains, aux Predicateurs, tant Seculiers, que Reguliers, par les congez & permission qu'ils leur bailleront de prescher, qu'en leurs predications & concions; ils ayent à eux conformer au contenu d'iceux Articles faicts par laditte Faculté, *sans aucunement y contreuenir en quelque maniere que ce soit.*

Extraicts de diuers lieux de Nauarrus, touchant la question, que le Concile est par dessus le Pape.

Le premier est aux Commentaires sur les 7. distinctions de Pœnitentia, distinctione 5. *pag. 492. colomne 2. nombre 32. Impression de Lyon, de Jean Baptiste Buisson l'an 1594. & 1595.*

EX hac conclusione primo infertur: Pontificem Rom. ad confitendum sua peccata teneri, quia diuina lege obligatur. Quamuis verum sit non ligari per caput illud, *Omnis*: & ita non teneri absolutè ad confitendum semel in anno. Quod etiam sensit Ioan. Andreas, & Felinus. Quod procedit tenẽdo illam; *quam plerosque omnes Italos audio tenere opinionem,* quamque magnis viribus probare ac tutari conatur Thomas à Vio, scilicet *Papam esse supra Concilium.*

Nam si teneremus alteram sententiam, *quam Schola Parisiensis cum tota fere Gallia sequitur, Concilium vniuersale supra Papam esse*; & adeo quidem sequitur vt Iacobus Almaynus scribens in hoc ipso articulo dixerit, *cum qui contrarium assereret, in Francia hæreticum iudicatum iri*. Diceremus vt ait ille Rom. Pont. statuto Conciliorum ligari, ac proinde ad illud caput, *Omnis*, seruandum teneri, &c.

Sur ce lieu est vne annotation d'vn Auteur anonyme (que l'on tient estre Iesuite,) qui dict, Papam esse supra Concilium qui in Gallia asserunt nequaquam iudicantur hæretici, & à partibus Catholicorum stare imo vero doctores ipsi, *Parisienses iam illud pronunciatum magna ex parte remiserunt, Concilium vniuersale est supra Papam: sed contrariam magna ex parte amplectuntur.*

Le second lieu est *in Relectione Capitis Nouit. de judicis, pag. 104. columna secunda.*

DECIMO nono infertur caute positum esse in definitione potestatis Ecclesiasticæ verbum *instituta*, loco illorum verborum collata Apostolus, &c. Posito per Ioannem Gerson; vbi supra, tum quia, longe aliud est instituere aliquam potestatem, & aliud illam conferre ac tradere alicui, vt docte docebat Durandus & Heruæus, tum ne me oporteret definire cui principalius illa fuerit à Christo collata, *an Ecclesiæ toti, an vero ipsi Petro*: Quod non est Concilium facere in præsentia propter illam maximam *discordiam Romanorum & Parisiensium*, illi enim tenent *Petro & successoribus datam* esse hanc potestatem; atque ideo Papam Concilio esse superiorem, *ij vero, quibus Gerson adhæret totam datam esse toti Ecclesiæ, licet exercendam per vnum: atque ideo in aliquot saltem casibus Concilium esse supra Papam*; Quarum illa scilicet Romanorum videtur placuisse *sancto Thomæ*,

Thomæ à Vio, vbi altius omnibus & profundius hoc demonstrare conatur: Altera vero *placuit Panormitano* qui pro Parisiensibus est, *quem frequentius nostri sequuntur, vt tradit Decius, quam* mordicus tuetur *Iacobus Almaynus & Sorbonæ Theologus,* qui respondit Thomæ à Vio libello iusto, & Ioannes Major qui idem facit aiens, Romæ nemini permitti tenere Parisiensium & Panormitani sententiam, nec rursus Academiam *illam Parisiensem pati vt contraria opinio asseratur in ea;* quorum vtrique videtur replicasse prædictus Thomas à Vio in dicta Apologia.

Le troisiesme lieu est *in Relectione eiusdem Capitis, pag. iij. num. 146.*

POTESTAS vero Ecclesiastica licet etiam accipiatur mediante electione Ecclesiæ, vel Cardinalium eam repræsentantium: non tamen accipitur tanquam res aliqua quæ sit fueritue ipsius Ecclesiæ secundum opinionem Romanorum relatam supra *licet secundum opinionem Parisiensium, Gersonis scilicet, & aliorum multorum sic: secundum enim eos potestas Papalis hec data fuit Ecclesiæ in persona Petri, & etiam Papa mortuo, est in illa & esset in Concilio œcumenico legitime congregato,* quod magnis viribus contendit refutare Thomas à Vio, & magnis defendere Iacobus & Ioannes Major Citati supra.

Sur ce lieu est vne Annotation d'vn Auteur anonyme qui improuue l'opinion de Paris, & dict *longe probabiliorem Romanorum sententiam Papam esse supra Concilium quam Parisiensium ex doctrina Bellarmini lib. secundo de Conciliis & Ecclesiast. cap. xiij. & sequentibus.*

Coppie d'vne lettre escrite de Paris par Jean Suffren Jesuite à Antoine Suffren Recteur des Iesuites à Lyon.

Mon Reuerend Pere,

Pax Christi.

I'Ay visité Monsieur le President, & fort souuent Monsieur de Digne qui de sa grace me donna a disner Lundy passé, non encores Monsieur d'Alincourt; mais ie le feray. La bourasque n'est encores accoisee, les liures contre nous se multiplient : *Le P. Cotton prepare la responce au plaidoyé de la Marteliere:* Le Parlement de Roüen a monstré son affection vers la Compagnie; car ayant par Arrest fait deffences aux Imprimeurs de leur ressort d'imprimer aucuns liures, concernans les differends qui courent en ce temps, & en particulier le playdoyé de la Marteliere contre les Iesuites, vn Libraire heretique nommé Iean Petit qui desia l'auoit quasi tout imprimé, estant allé au Parlement pour representer sa pauureté, & qu'il perdoit beaucoup s'il ne l'acheuoit & debitoit; la resolution fut prise que l'Arrest se garderoit, & que l'on iroit à la maison dudit Imprimeur prendre toutes les feuilles ja imprimees, & qu'on les brusleroit, ce qui fut faict. C'est vne consolation que Dieu nous donne parmy nos afflictions; car allant par cette ville, & mesmes dans la place du Palais on entend ces petits porteurs de Liures crians plus haut qu'à l'ordinaire, le Plaidoyé de Monsieur de la Marteliere contre les Iesuites.

Ie ne sçay si vostre Reuerence a esté aduertie d'vn Liure que Monsieur Richer Sindic de l'Vniuersité a faict imprimer, sans neantmoins mettre son nom, *de Ecclesiastica & Politica potestate* : Liure trespernіcieux; la Sorbonne se vouloit assembler pour le censurer, deffence luy en fut faicte par le Parlement, à laquelle il faillut obeyr : Mais Messieurs les Prelats qui se trouuerent en cette ville assemblez en la maison de Monsieur le Cardinal du Perron (ils estoient trente, tant Archeuesques qu'Euesques) sont censuré, en telle sorte qu'en la premiere assemblee fut decreté que le Liure estoit digne de censure, & à cela tous se sont soussignez, mais on a differé à vne autre assemblee de determiner en quelle qualité il sera censuré : On remuë ciel & terre pour empescher cette Censure, les Prelats tiennent royde pour l'Eglise de Dieu; & l'autorité du Pape & des Euesques entierement abbatuë en ce Liure, les ayant faict egaux aux Curez des villages : Ie ne sçay ce qui en sera, la chose est differee à Samedy prochain, iour de S. Matthias; *O tempora, ô mores* : Feu Monsieur d'Ambrun, le trespas duquel i'escriuis à vostre Reuerence par ma derniere, seroit à cette heure icy bien necessaire : *Il faut marquer que ledict Richer est celuy-là qui plus auoit poursuiuy la Censure des trois sermons de nostre bien-heureux Pere; & voila le iugement de Dieu, que trois ou quatre mois apres son Liure est censuré par les Prelats de la France : Plusieurs escriuent contre ce Liure, & mesmes quelques-vns de Sorbonne qui veulent monstrer la doctrine de Sorbonne estre contraire à celle de ce Liure, quoy que faict par le Sindic de l'Vniuersité.* I'enuoye à vostre Reuerence les esguilles en tel nõbre & forme qu'on les demandoit : Ie me tiendray au College durant le Caresme, car S. Seuerin est fort proche de la, plustost que de la maison S. Louys. Ie ne sçay ce que ie deuiendray, tant tout semble irresolu : je vis tousjours auec ma paix, d'vn ne me chaut de rien : Ie croy qu'entre-cy & Pasques quelque resolution se prendra & ne sera difficile, & vostre Reuerence la sçaura si desia elle ne la sçait : seulement que vostre

Reuerence continuë à m'assister de ses prieres & de celles de son tant paisible & charitable College vers celuy auquel & pour lequel ie suis,

De vostre Reuerence

Frere & seruiteur en nostre Seigneur, Iean Suffren.

Le R. P. Ignace saluë vostre Reuerence. De Paris ce 23. Feurier 1612.

Et a costé est escrit,

Le R. P. Recteur de Billon est icy depuis quelques semaines auec Estienne Babolat qui est arriué attaint d'vne pleuresie, mais à cette heure il est mieux. La peine que Monsieur Decordes leur donne à l'occasion du Prieuré resigné au College de Billon auant son entree, est cause de ce voyage. Le P. Michaëlis preschera à nostre-Dame; il ayme la Compagnie, & s'est retiré en vne petite maison auec cinq ou six des reformez: Ie recommande à vostre Reuerence la lettre que j'escris au R. P. Marius, il se plaindra iustement si ie ne respons à la sienne du 10. Iuillet.

La superscription est,

A Mon R. Pere le P. Antoine Suffren Recteur du College de la compagnie de Iesus, à Lyon.

Coppie d'vne lettre escrite de Paris par Bartelemy Iacquinot Iesuite à Antoine Suffren Recteur du College des Iesuites à Lyon.

Mon Reuerend Pere,

Pax Christi, &c.

I'Ay esté bien aise d'auoir cette occasion de saluer vostre Reuerence, & en elle tous nos Reuerends Peres & tres-chers Freres de son College : Nous cõmençons par la grace de nostre Seigneur à auoir quelque peu de calme apres les tempestes des mois precedens, desquelles vous n'auez esté que trop aduertis ; L'Vniuersité vouloit poursuiure sa pointe ; mais Messieurs le Chancelier & premier President l'ont empesché : *Ce qui faict plus de bruict maintenant, est vn Liure du Sindic de Sorbonne ennemy determiné de nostre Compagnie ; pour lequel censurer comme les Docteurs ses compagnons se vouloient assembler le premier iour de ce mois, la Cour de Parlemens l'a empesché : Surquoy Messieurs les Prelats qui sont icy en grand nombre ayans examiné ledict Liure, l'ont condamné à estre censuré comme pernicieux & à la Religion & à l'Estat :* La Royne & tout le Conseil est de ce costé : On croit que Messieurs du Parlement leueront au plustost leur deffences, *& ainsi tombera en la fosse celuy qui par toute voye a tasché de nous y precipiter ; il est le second qui nous a ouuertement persecutez ; L'Abbé du Bois a esté le premier.* Nous faisons les preparatifs pour nostre oraison de XL. heures, & ne doubte point qu'il n'y ait grande deuotion : cinq des

des nostres deuons prescher tous les iours ce Caresme, le P. Cotton au Louure, le P. Gonthery à S. Germain de Lauxerrois, le P. Suffren à S. Seuerin, le P. Luzuic à S. Medard aux fauxbourgs S. Marceau, & moy à S. Merry. *Nous sommes apres la responce à la Marteliere.* Comme ces gens ne cessent point de mesdire, ainsi nous continuons à nous deffendre: Monsieur du Perron frere de Monsieur le Cardinal, met sous la presse vne Apologie, digne œuure de sa main, pour *respondre au gros des calomnies declaméez contre nous; quelques Aduocats trauaillent aussi en nostre faueur*, afin de rendre plaidoyer pour plaidoyer: l'eusse creu veoir apres tāt de bourrasques quelque amoindrissement d'affection en plusieurs, mais par la grace de celuy auquel nous desirons de seruir & plaire, il n'en va pas de la sorte. Plusieurs touchez de compassion nous ont declaré plus d'affection qu'ils ne faisoient auparauant, *principalement ayans reconnu par le Liure susdict du Sindic qu'en nos personnes on en vouloit à l'Eglise*. Le Roy en son aage si tendre nous deffend à toute rencontre, ayant veu le plaidoyer de l'Aduocat és mains de quelqu'vn de ses Seigneurs, ostez les attaches & la couuerture, dict-il, & iettez tout le reste au feu, car il ne vaut rien à autre chose. Messieurs du Parlement de Rouën ont suiuy ce iugement; Ayans ordonné que les feuilles qui se sont trouueez chez vn Imprimeur passassent par les flammes. *La Royne & toute la Cour nous honorent tousiours de leur faueur & protection: Nous deuons esperer qu'auec les alliances faictes les choses iront de mieux en mieux: Monsieur du Mayne se dispose pour aller en Espagne conclure tout de la part du Roy:* Les magnificences seront grandes; il nous oblige par sa constante affection à l'accompagner de nos prieres: i'en requiers vostre Reuerence, & de ne nous point oublier, qui en auons tousiours besoin; ie le demande particulierement à tous les PP. & Freres, les saluant auec elle, *ex omni me & in Christo visceribus.*

De vostre Reuerence

Seruiteur bien humble en nostre Seigneur, B. Iacquinot.

A Paris ce 24. Feurier 1612.

Vostre Reuerence m'obligera si elle faict part de ces nouuelles à Monsieur de Vienne; ie les enuoye au R. P. Prouincial en Auignon.

La superscription est,

Au R. Pere le P. Antoine Suffren Recteur du College de la compagnie de Iesus, à Lyon.

CENSVRE FAICTE PAR LES EVESQVES *de la prouince de Prouence, d'vn Liure intitulé*, de Ecclesiastica & Politica potestate.

PAVL par la grace de Dieu & du S. Siege Apostolique, Archeuesque d'Aix, Charles Euesque de Riez, Barthelemy Euesque de Frejus, & Toussainct Euesque de Cisteron, prouincialement assemblez: A tous ceux qui ces presentes lettres verront, salut en nostre Seigneur. Sçauoir faisons qu'apres auoir veu & diligemment examiné certain Liure intitulé, *de Ecclesiastica & Politica potestate*, imprimé à Paris, en l'an 1611. sans nom d'Autheur ny d'Imprimeur; auquel Liure auons remarqué plusieurs propositions, expositions, allegations, & doctrines faulses, scandaleuses, schismatiques, heretiques, & ressentans impieté & grief erreur. Nous auons declaré & declarons ledict Liure digne de condamnation & censure, & comme tel l'auons censuré, noté & condamné, censurons, notons & condamnons: Deffendans à tous fidels Chrestiens sur lesquels Dieu nous a constituez, & desquels le salut nous est commis, d'auoir, tenir, lire, ny vser dudict Liure: A tous Imprimeurs & Libraires de l'imprimer, vendre, publier, ny tenir, le tout sur peine d'excommunication. Si mandons à tous Prieurs, Curez, Recteurs, & autres ayans charge d'ames en nostredicte prouince & dioceses d'icelle, que nos presentes declaration & censure, ils ayent à lire & publier és prosnes, & afficher és portes de leurs Eglises, aduertissantes soigneusement les peuples estans sous leurs charges du contenu en nosdictes presentes declaration, censure & condamnation.

En foy dequoy nous auons signé cesdites presentes de nos mains, & à icelle fait mettre & apposer les seaux de nos armes, & contresigner par Maistre Matthieu Brun, Notaire & Secretaire de nostredit Archeuesché. Donné à Aix en nostre congregation prouinciale, le Ieudy 24. iour de May, l'an de grace, 1612. Ainsi signé, Paul Archeuesque d'Aix, Charles Euesques de Riez, Barthelemy Euesque de Frejus, Toussainct Euesque de Cisteron, & scellé en placard de cire rouge.

Par commandement de mesdicts Seigneurs les Reuerendissimes Archeuesque & Euesques.

Signé, BRVN.

Publié & affiché par toutes les Eglises de la presente ville d'Aix, & autres du diocese, le Dimanche 27. May, 1612.

Signé, BRVN.

APPEL COMME D'ABVS de la Censure sus-rapportee.

AVIOVRDHVY est comparu pardeuant Nicolas de Beaumont & Maturin Perier, Notaires & Gardenottes du Roy nostre Sire au Chastelet de Paris soussignez, Maistre Emon Richer Docteur & Sindic de la Faculté de Theologie en l'Vniuersité de Paris, Grand Maistre & Principal du College du Cardinal le Moyne, fondé en ladicte Vniuersité, & y demeurant; lequel a dict & declaré qu'ayant eu connoissance depuis peu de iours de la Censure d'vn Liure dont il est auteur, intitulé *de Ecclesiastica & Politica potestate*, faicte par Monsieur l'Archeuesque d'Aix en Prouence, & Messieurs les Euesque de Riez,

Riez, Freius, & Cisteron ses suffragans, le 24. May dernier, il est & se porte pour appellant comme d'abus de ladicte Censure, ensemble de ce qui s'en est ensuiuy, & pourroit ensuiure cy-apres, mesmes de la publication scandaleuse d'icelle faicte à Aix, & autres lieux de ladicte prouince, tant de viue voix que par affiches aux portes des Eglises, le tout adherant à l'appel comme d'abus cy-deuant interietté par ledit Richer d'vne autre Censure du mesme Liure, faite par Messieurs les Metropolitains & Euesques diocesains de la prouince de Sens, le 13. Mars dernier, & de la publication qui s'en est ensuiuie à Sens, Paris, & ailleurs, dont ledict Sieur Richer a requis le present acte pour luy seruir en temps & lieu. Ce fut faict & octroyé és estudes desdits Notaires soussignez, auant midy, le Mardy 7. iour d'Aoust, 1612. & a signé la minute du present acte auec lesdits soussignez, demeurée audit Perier, l'vn d'iceux.

Signé DE BEAVMONT. PERIER.

EXTRAICT DES REGISTRES de Parlement.

SVR CE que le Procureur General du Roy a remonstré à la Cour auoir esté aduerty que l'on veut faire vne assemblee de Sorbonne sur aucuns escrits n'aguieres publiez, l'vn qui est vn decret de la Faculté de Theologie, de l'an 1429. l'autre intitulé, *de Ecclesiastica & Politica potestate*, & autres : ce qui pourroit apporter quelque preiudice au public, pour lequel preuenir requeroit que les Doyen, Senieurs, & Sindic fussent mandez, pour en leur presence ouys estre fait droict sur les Conclusions qu'ils entendent prendre : cependant deffences de s'assembler, & sur ce deliberer.

La COVR a ordonné qu'à la requeste du Procureur General du Roy, les Doyen, Senieurs & Sindic de la Faculté de Sorbonne seront appellez & en viendront demain sept heures, pour eux ouys ordonner ce qu'il appartiendra, cependant que leur assemblee & deliberation sur ce qui a esté proposé par le Procureur General du Roy surseoirra, & deffences passer outre, iusquer à ce qu'autrement par la COVR soit ordonné. Faict en Parlement le dernier iour de Feurier, 1612.

Du Mescredy premier de Mars, 1612.

CE iour sur ce que le Procureur General du Roy a remonstré à la Cour qu'il auoit faict signifier l'Arrest d'icelle; donné le iour d'hyer aux Doyen, Senieurs, & Sindic de la Faculté de Theologie de Paris, lesquels sont venus au Parquet, où ils ont faict entendre ce qui s'estoit passé sur le suiet mentionné en l'Arrest: Surquoy quand la Cour aura ouy ce qu'eux & autres qui les assistent representeront par leur bouche, ils requerront ce qu'ils deuront pour le seruice du Roy & repos public. Et apres auoir ouy Maistre Claude Petit Iean Curé de S. Pierre des Assis Doyen de ladicte Faculté, Maistre Nicolas Roguenant Senieur du College de Sorbonne, Maistre Emon Richer Grand Maistre du College du Cardinal le Moyne & Sindic de ladite Faculté, Maistre Charles Loppé Grand Maistre du College de Nauarre, Maistre Ioachim Forgemont Docteur en Theologie, & Maistre Michel Colin Grand Maistre du College du Plessis, estans entrez.

Ledict Petit Iean Doyen enquis de ce qu'il sçait des escrits & decrets de Sorbonne imprimez, & des pratiques & menees faictes, & par qui, pour les censurer,

A dict apres auoir mis la main au pis, par le serment qu'il a faict, auoir seulement sceu par ouy dire qu'il auoit esté imprimé vn traicté intitulé *de Eccle-*

siastica & Politica potestate, & apres icelny quelques decrets de la Faculté de Theologie de Paris, mesmes vn de l'an 1429. contenant Censure d'vne doctrine erronee d'vn Iacobin nommé frere Iean Sarrazin, contraire à l'ancienne doctrine de ladicte Faculté; & entendu d'aucuns gens de bien qui ont veu lesdits escrits & decrets, qu'on disoit que Maistre Emon Richer Sindic de ladicte Faculté les auoit faict imprimer, & qu'il n'y auoit rien en iceux qui ne fust conforme à la doctrine de l'escole de Sorbonne.

Enquis qui luy a parlé par forme de plainte de l'impression desdits escrits, & de la censure d'iceux.

A dict que le iour d'hier vn Docteur en Theologie Prestre nommé *Forgemont*, son amy familier seroit venu en son logis, comme il a ouy dire qu'il a esté en plusieurs autres de sa qualité de Docteurs de Sorbône, & qu'il menoit auec luy *l'Auditeur du Nonce de nostre S. Pere*, lequel dist au respondant qu'il l'estoit venu voir, & auoit prié ledict *Forgemont* de l'accompagner pour le prier de proposer à leur assemblee & congregation qui se deuoit faire au premier iour, de faire condamner & censurer lesdits escrits & impression des decrets de la Sorbonne contenus en iceux. D'auantage luy fut dict par ledict *Auditeur*, qu'il prioit ledict Doyen *pour le bien de la religion Catholique, & auctorité de sa Saincteté, de faire reuoquer le Sindicat de Maistre Emon Richer, qu'on disoit estre l'Auteur dudict traicté, & l'auoir faict imprimer.*

Ce faict a esté enquis Maistre Nicolas Roguenant Senieur dudict College de Sorbonne, lequel apres auoir mis pareillement la main au pis, a dict par son serment auoir sceu l'edition desdits traictez & decrets, & que les ayans veu il n'a trouué aucune chose en iceux qui ne soit selon la vraye & ancienne doctrine de la Faculté.

Apres quoy a esté enquis Maistre Emon Richer,

qui semblablement ayant mis la main au pis, & enquis de ce qui estoit de son faict sur la composition dudict traicté & impression d'iceluy, & desdits decrets,

A dict auoir faict imprimer ledict traicté pour seruir de Factum en la cause de l'Vniuersité contre les Iesuites; & que comme il a dict franchement au Parquet ce qui estoit de la verité, il est prest de la soustenir, se sousmettant au iugement & censure de la Faculté de Theologie; les decrets de laquelle il a faict imprimer pour confirmation dudict traicté, auquel si aucune chose est trouuee par ceux de ladite Faculté, qui sont non suspects; il est prest faire telle declaration & reconnoissance que ladite Faculté aduisera deuoir estre faicte; mesmes effacer de ses larmes ce que l'on iugera estre contre l'ancienne doctrine de ladite Faculté; mais supplie la COVR trouuer bon, s'il dit qu'il a interest d'auoir en ce fait *indices non suspectos*, d'autant qu'il y a quelques-vns qui par profession & declaration expresse ayans tenu pareilles maximes que Frere Iean Sarrazin Iacobin (condamné par la Censure de l'an 1429.) les propositions par eux publiees ont esté deffenduës & censurees par ladite Faculté: de maniere qu'il ne seroit raisonnable, sauf la reuerence de la COVR, que telles personnes fussent Iuges en cet affaire.

Ce faict Maistre Charles Loppé a esté enquis de ce qu'il sçait, sur le suiet susdit, lequel la main mises au pis, a dict par son serment auoir sceu l'impression desdits traictez & decrets, mais ne les auoir leus entierement.

Enquis s'il luy a esté faict quelque plainte, & qui est celuy qui l'a faite,

A dict que *l'Auditeur de Monsieur le Nonce* l'a esté veoir pour luy dire qu'il s'en failloit remuer à l'assemblee de Sorbonne, & faire censurer ledit traicté, luy parlant *auec termes de persuasion à cet effect*.

A esté

A esté enquis Maistre Ioachim Forgemont de ce qui estoit de sa connoissance sur le suiet desdits escrits, & s'il n'auoit pas faict des plaintes auec autres qui l'assistoient contre ledit traicté & impression desdits decrets; & s'il est pas vray qu'il a accompagné *l'Auditeur du Nonce de nostre S. Pere*, tant en la maison du Doyen de ladicte Faculté qu'en plusieurs autres,

A dict apres auoir mis la main au pis, par son serment, que ledit traicté & decrets ayans esté publiez par Maistre Emon Richer Sindic, luy respondant, auroit esté prié par *l'Auditeur de Monsieur le Nonce*, de le mener en quelques maisons des Docteurs de la Faculté de Theologie, lesquels ledit *Auditeur* disoit ne connoistre, & ne sçauoir leurs logis, & entr'autres de Maistre Claude Petit Iean, Doyen de ladite Faculté, en la maison duquel *il reconnoist auoir esté auec l'Auditeur du Nonce du Pape.*

Enquis quels propos ont esté tenus, tant par ledit *Auditeur* que par luy, respondant audit Doyen,

A dict que ledit *Auditeur, & luy respondant*, auroient tenu propos audit Doyen sur la doctrine dudit traicté & impression desdits decrets, *pour faire qu'iceluy Doyen proposast en l'assemblee de la Faculté de Theologie, de faire condamner & censurer ledit traicté, & blasmer la forme de la publication & impression desdits decrets, comme n'ayant deub estre faite, ny les secrets de ladite Faculté reuelez sans la permission d'icelle.*

Remonstré qu'il estoit mauuais François de communiquer auec l'Estranger sans permission du Roy: L'assister à seduire & suborner les subiets contre tout droict des gens: Se departir de la doctrine de l'escolle de Sorbonne:

A respondu comme dessus, & qu'il pensoit bien faire.

Lesdits Doyen, Senieurs, & autres Recteurs.

Ledit Procureur General parlant par Maistre

Louys Seruin, a dict auoir le iour d'hier fait entendre à la COVR qu'il auoit esté aduerty qu'il se pratiquoit par voyë extraordinaire vne assemblee en la Sorbonne, pour deliberer sur vn certain Liure intitulé, *de Ecclesiastica & Politica potestate*, & qu'audit Liure estoient traictees plusieurs questions concernans les droicts & libertez de l'Eglise Gallicane, estant à craindre qu'en ladite assemblee ne se passast chose preiudiciable au seruice du Roy; surquoy seroit interuenu Arrest, par lequel auroit esté ordonné que les Doyen, Senieurs, & Sindic de la Faculté de Theologie seroient appellez, auec deffences cependant de deliberer sur le suiet dudit Liure, lesquels Doyen, Senieurs & Sindic estans comparus & ouys en la Chambre, ledit Procureur General auroit requis qu'ils fussent exhortez de surseoir la deliberation sur ledit Liure, iusques à ce que par ladite Cour autrement y eust esté pourueu; la matiere mise en deliberation,

LADICTE COVR a ordonné & ordonne que tous les exemplaires du Liure intitulé, *de Ecclesiastica & Politica potestate*, seront apportez au Greffe d'icelle, & le Sindic auteur d'iceluy sera diligence de retirer & rapporter les copies qui en ont esté deliurees, & ce dans trois iours: Cependant iusques à ce que la COVR se soit esclaircie de chose qui regarde le seruice du Roy sur ce suiet, enjoint ausdits Doyen, Senieurs & Docteurs de la Faculté surseoir sur ce toute deliberation. Fait en Parlement le premier iour de Feurier, 1612.

Signé, GALLART.

ACTE CONTENANT LA DECLARATION

faicte au Greffe de la Cour par les Iesuites, qu'ils sont conformes & se conforment à la doctrine de l'escolle de Sorbonne.

Extraict des Registres de Parlement.

AVIOVRDHVY sont comparus au Greffe de la Cour, le Pere *Christophle Baltazard* Prouincial de la Compagnie de IESVS en la Prouince de France; & les Peres *Barthelemy Iacquinot*, superieur de la maison S. Louys en ceste ville de Paris, *Alexandre Georges, Fronton du Duc, Iacques de Sirmond*, & *François Tacomus* de ladite Compagnie, assistez de Maistre *Leon Sibour* Procureur en Parlement, leur Procureur, qui ont assisté à l'Audiance de la cause, sur laquelle est interuenu l'Arrest de ladite COVR du 22. Decembre dernier, donné entre les Peres Iesuites du College, dit de Clermont, de cette ville de Paris, demandeurs à l'enterinement des lettres patentes du Roy, du 22. d'Aoust, 1610. d'vne part; Et les Recteur, Doyen, Sindic, Procureur & supposts de l'Vniuersité de Paris, deffendeurs & opposans d'autre; lesquels obeissans audit Arrest, declarent qu'ils sont conformes & se conforment à la doctrine de l'escolle de Sorbonne, mesmes *en ce qui concerne la conseruation de la personne sacrée des Roys, manutention de leur auctorité royalle, & Libertez de l'Eglise Gallicane*, de tout temps & ancienneté gardees & obseruees en ce Royaume, dont ils ont requis acte, & signé. Fait en Parlement le 22. Feurier, 1612.

CONCLVSIO SACRÆ FACVLTATIS THEOLOGIÆ
Parisiensis facta in comitiis ordinariis celebratis 1. die Iunij, CIϽ. IϽ. XIJ.

ANNO domini millesimo sexcentesimo duodecimo die prima Iunij sacra Theologiæ Facultas Parisiensis post solennem Missam de Sancto Spiritu sua ordinaria celebrauit comitia, in aula collegij Sorbonæ. Primo recognita & obsignata est conclusio facta die secunda Maij. Secundo honorandus magister & dominus *Franciscus de Harlay* Abbas à sancto Victore supplicauit Facultati *quatenus Syndicum eligeret, qui nouos Doctores informaret & disciplinam Facultatis ab omnibus seruari curaret: Magistrum Æmundum Richerium satis diu eam prouinciam administrasse, eique gratias agendas esse, sed expedire vt facultas plures alios habeat versatos in negotiis & disciplina Theologica, quod si eundem Magistrum Emundum Richerium diem supremum obire contingeret, Facultas nullum alium haberet in negotiis suis obeundis exercitatum: vt autem libera essent suffragia in prædicta electione idem dominus Abbas à Sancto Victore petijt eundem Magistrum Emundum Richerium secedere à comitiis*. Qua audita supplicatione honorandus *Magister Nicolaus Roguenant* decanus hanc habuit suasionem; Se quidem tantam Doctorum frequentiam in comitiis facultatis nunquam vidisse, dignitatem sacri ordinis seruari & retineri non posse nisi omnes Magistri in mutuam pacem & concordiam conspirent: quantum ætate & experientia consequi potest, se nunquam vidisse aut audiuisse electionem ad officium Syndicatus certo aliquo temporis spatio definiri, aut aliquem Syndicum à Facultate depositum, nisi ipsemet postulasset alium suffici in locum suum, vel nisi aliquid dignum depositione commisisset : *Magistrum Emundum Richerium* Syndicum nihil dignum abdicatione commisisse, imo vero optime meritum esse de tota Academia, & priuatim de Facultate Theologica, cum nihil reliqui fecerit, vt eam contra aduersariorum molitiones sartam tectam posteris seruaret : quocirca potius cogitandum esse de habenda ei gratiarum actione, quam de eius abdicatione. Cum igitur propositio facta de eo deponendo aduersetur inueteratæ cõsuetudini & decretis Facultatis, quæ electionem Syndici nullo temporis spatio definiunt, & quacunque abdicationis causa cessante, imo nullo etiam Syndicum accusante, se prædictam propositionem nõ posse referre Facultati ad deliberandum. Qua suasione habita ab honorando Domino Decano honorãdus *Magister Emundus Richer* Syndicus postquam nonnulla præfatus est de sua promotione ad Syndicatum, nec non etiam de ijs quæ toto tempore sui Syndicatus gessit summo cum labore pro antiquis institutis, disciplina & dignitate Facultatis retinendis, adiunxitque se librum suum *de Ecclesiastica & politica potestate* examini & censuræ sacræ Facultatis subiicere ac paratissimum esse nõ tantum calamo verum etiam lacrymis, si quos in eo errores contraxerit, palam delere, intercessit & sese opposuit quominus propositio facta à Domino à Sancto Victore proponeretur ad deliberandum, quam intercessionem scripto obsignatam his cõceptis verbis Domino Decano porrexit, atque actum prædictæ propositionis factæ à Domino à Sãcto Victore, necnon etiam suæ intercessionis & responsionis Domini Decani sibi dari postulauit.

Sequitur tenor prædictæ intercessionis.

MAGISTER Emundus Richer Doctor & Syndicus Facultatis Theologiç Parisiensis aduersus propositionem factam ab honorando Magistro

Francisco *de Harlay* Abbate à Sancto Victore opponit, atque respondet se vnumquemque testem appellare, quantum dignitas & splendor eiusdem Facultatis ei semper curæ fuerit, quantum diligentiæ & solicitudinis in doctrina & disciplina antiqua retinenda & vindicanda impenderit, quantum denique odij & inimicitiarũ defensio Academiæ & Facultatis contra aduersarios ei & in ipsa Facultate & extra Facultatem conciliarit; se nunquam prouinciam Syndicatus desiderasse, sed sæpissime recusasse vsque ad annũ 1608. quo rogatu Facultatis atque Domini Hebert Pænitentiarij Ecclesiæ Parisiensis, eam administrandam suscepit, vt ex Cõclusionibus Facultatis secundi & decimi-quinti Ianuarij eiusdem anni innotescit. Ab omni memoria hominum duo semper obseruari solita in officio Syndicatus; Alterum vt eiusdem exercitium nullo temporis spatio definiretur; Alterum vt Syndicus semel electus nunquam deponeretur, nisi ipsemet id postularet à Facultate aut nisi aliquid dignum abdicatione cõmisisset: electionem factam de se esse indefinitam & absque vlla temporis circumscriptione; putare quidem se nihil dignum abdicatione admisisse. Insuper Facultatis matris suę auctoritatem tanti ęstimare vt contra eius voluntatem nolit quicquam facere, aut prouinciam molestissimã Syndicatus retinere. Verum hoc scire optime atque omnibus exploratissimum esse propositionem factam de alio Syndico eligendo non manare à Facultate, sed à nõnullis inimicis eiusdem Richerij, aut alijs quibus dolet Academiam Parisiẽsem non succubuisse petitionibus aduersariorum, qui semina dissentionum serunt inter Doctores vt facilius voti compotes fiant. Propositionem factam de se abdicando & alio eligendo Syndico, eò quidem tendere, vt quodam colore & prætextu imaginario post abdicationem infamia notetur. Hoc cum optime prospiciat, ac honorem suum quam vitam propriam pluris semper fecerit, decreuisse potius extrema queque pati quam consensum prębere tam ignominiosæ depositioni, quæ nullo alio nititur fundamento quam odio quo eum inimici sui opprimere moliuntur.

Quocirca declarat se intercedere quominus de propositione facta à Domino Abbate à Sancto Victore deliberetur, & ne à Domino Decano aut alio quocumque proponatur Facultati ad deliberãdum, intimatque proprio & priuato nomine Magistrum Franciscum de Harlay, qui eam proposuit, & Magistrum Nicolaum Roguenant Decanum, si eam proponat ad deliberandum, petitque dictus Magister Emundus Richer actum tum eiusdem propositionis tum etiam suæ responsionis atque intercessionis, ad quam firmandam & cõstituendam summam eorum producit, quæ superius allegata sunt, cum Senatusconsulto dato prima Februarij anno millesimo sexcentesimo duodecimo, quo suspenditur deliberatio libri *de Ecclesiastica & Politica potestate*. Actum in congregatione Facultatis Theologiæ Parisiensis in aula collegij Sorbonæ die prima Iunij anno Domini millesimo sexcentesimo duodecimo. Obsignatum E. Richer cum syngrapha.

Extractum ex libro Conclusionum sacræ Facultatis Theologiæ Parisiensis per me Petrum Cotreau scribam & magnum apparitorem eiusdem Facultatis die quinta Iunij anno millesimo sexcentesimo duodecimo.

Signatum, P. COTREAV.

ACTE

ACTE FAICT EN SORBONNE le 1. de Iuin, 1612.

AVIOVRDHVY datte des presentes, discrette personne *Maistre Emon Richer* Docteur de la Faculté de Theologie en l'Vniuersité de Paris, grand Maistre du college du Cardinal le Moyne & Syndic de ladicte Faculté en ladicte Vniuersité auroit mandé les Notaires & Gardenottes du Roy nostre SIRE au Chastelet de Paris soubssignez, pour se transporter au college de Sorbonne en l'assemblee qui s'y faict cedit iour, auquel lieu estants en la grande Sale ou se seroient trouuez assemblez les personnes cy-apres nommez, à sçauoir discrette personne Maistre Nicolas *Roguenant* Curé de sainct Benoist & Doyen de ladicte Faculté, Frere Estienne *Ballenot* Prouiseur du college des Bernardins, Ioachim *Forgemont*, Frere Guy le *Roux* Carme, Robert *Viseur* Chanoine de l'Eglise d'Amiens & grand Vicaire de Monseigneur l'Euesque dudit lieu, Iehan *Filesac* Chanoine Theologal de Paris & Curé de l'Eglise de S. Iehan, Michel *Mauclerc*, Raoult de *Gazil* Curé de S. Iacques de la Boucherie Conseiller Aulmosnier & Predicateur ordinaire du Roy, Pierre *Gillet* Doyen de l'Eglise sainct Germain de l'Auxerrois, Charles *Loppé* Curé de S. André Professeur du Roy en Theologie, Archidiacre de Sablay en l'Eglise du Mans, & grand Maistre du College de Nauarre, André *du Val* Lecteur du Roy en Theologie, Frere Iean *l'Admiraut* de l'Ordre des Iacobins, Nicolas *Bleyé* Chanoine Theologal d'Amiens, Guillaume *Gostain*, Iean *Geneft* grand Archidiacre de Neuers, Michel *Aubry* Curé de sainct Christophle, Claude *le Bel* Chanoine & Penitentier de l'Eglise de Chartres, Milles *Girard* Curé de saincte Genefuiesue des Ardents, Henry le *Maire* Curé de sainct Sulpice, Philippes *Gamaches* Profesfeur du Roy en Theologie, Charles de la *Sauſſaye*, Doyen de l'Egliſe d'Orleans, Pierre *le Clerc* Principal du college de Caluy, Frere Luc *Regnouſt* Auguſtin, Guy *Houyſier* Curé de ſainct Mederic, Frere Nicolas *Coiffeteau* Predicateur du Roy, Frere François *Fergent* Cordelier, Denis *Lattrecé* Chanoine de Troyes, Pierre de *Beſſe* Principal du College de S. Michel, Nicolas *Iſambert*, Frere Pierre *du My* du Conuent des Iacobins, Georges *Froger* Curé de S. Nicolas du Chardonnet, Aurelle de *Poge*, Nicolas *Hebert*, Fremy *Roche* Prieur du college des Cholets, Iehan *Gauault* Principal du College des Graſſins, Frere Iacques *Iehanne* du Conuent des Auguſtins, Frere Pierre de *Courcelles* dudit Conuent, Nicolas *Mereau* Chanoine de Laon, Anthoine *Lambert* Chanoine de Peronne & Predicateur du Roy, Frere Iacques *Belin* Gardien des Cordeliers, Freres Pierre *Grandin* & Claude *de Nan* Cordeliers, Frere Anthoine *Simeon* Prieur des Iacobins, Frere Gilles *d'Amours* dudit Conuent des Iacobins, Meſſire François de *Harlay* Abbé de l'Abbaye ſainct Victor, André *Barthelemy* Soubspenitentier de l'Egliſe de Paris & Doyen d'Abbeuille, Guillaume *Iſabel*, François *Dauid*, Iehan *Rouſſelet* Curé de ſainct Prix, Iehan de *Moranuillier*, Pierre de *Cheyrac* Curé de ſainct Germain de l'Auxerrois, Anthoine *Fayet* Chanoine de l'Egliſe de Paris & Curé de ſainct Paul, Vincent *Marchant*, Anthoine *Fuſy* Curé de ſainct Barthelemy & de ſainct Leu ſainct Gilles, François *Bohart* Curé de ſainct Geruais, François *Gaultier* Theologal & Penitentier à Roüen, Anthoine *de Heu*, Louys *Meſſier* Curé de ſainct Landry, Iehan *Roysin*, Pierre *Vaſſagle*, Eſtienne *Tonnelier* Curé de l'Egliſe ſainct Euſtache, Iacques *Hennequin*, Charles *Baudart*, Hieroſme *Parent*, Geruais *d'Aſſe*, Iehan le *Page* Procureur Syndic de l'ordre de Premonſtré, Hubert *Tranchant*, Nicolas *Paris*, Nicolas *d'Eſcleues*, & Gabriel *Bourgeois*,

* tous Docteurs de ladicte Faculté de Theologie de Paris. En la presence desquels ledit *Richer* a mis és mains desdits Notaires vne feuille de papier escritte sur la premiere & deuxiesme page & signee sur la troisiesme dudit Sieur Richer paraphee desdicts Notaires, *ne varietur*, & cy-apres transcripte, duquel escrit il a requis lecture estre faite en la presence des dessusdits, ce qui auroit esté fait par l'vn desdicts Notaires, l'autre present; ce faict icelle delaissee és mains de Petier l'vn d'iceux pour y auoir recours quand besoin sera; apres laquelle lecture se seroient lesdicts Notaires retirez, ayans esté requis de ce faire par l'vn des dessusdits pour aduiser sur la responce du contenu audit papier, & apres auoir esté quelque peu de temps hors ladicte sale auroient esté lesdicts Notaires mandez ou estants ledit *Richer* a requis acte du contenu audit papier pour s'en seruir en temps & lieu, à quoy ¶ a esté fait respóse particulierement par ledit Sieur *Roguenant Doyen de ladicte Faculté*, que de temps immemorial il n'a veu aucun Syndic estre desmis de sa charge si de luy mesmes il ne s'en veult descharger, ou bien qu'il n'y ait cause legitime de ce faire, & pour ceste occasion n'a peu proposer en ladicte assemblee de proceder à l'election d'vn autre Syndic. Surquoy les Docteurs cy-apres nommez, sçauoir est lesdicts Sieurs *Ballenot*, *Forgemont*, *le Roux*, *Viseur*, *Filesac*, *Mauclerc*, *Gazil*, *Gillet*, *Loppé*, *du Val*, *Lamiraud*, *de Bleryе*, *Gestain*, *Genest*, *Aubry*, *le Bel*, *Girard*, *le Maire*, *Gamaches*, *de la Saulsaye*, *le Clerc*, *Regnoust*, *Houyster*; *Coiffeteau*, *Fergent*, *Lattrecé*, *Isambert*, *de Besse*, *du My*, *Froger*, *de Poge*, *Hebert*, *Roche*, *Gonault*, *Iehanne*, *Mereau*, *Lambert*, *Belin*, *Grandin*, *de Nan*, *Simeon*, *d'Amours*, & de *Courcelles* * ont tous dit que ayants esté empeschez de deliberer & dire leurs suffrages sur la proposition faicte par ledit Sieur *de Harlay*, pour le fait de l'election & nomination d'vn autre Syndic au lieu dudit *Richer* selon le pouuoir & auctorité de ladi-

* L'assemblee composee de soixante dix Docteurs non compris le Syndic.

¶ Respõce de Roguenant Doyen.

* 45. Docteurs disent que nonobstant l'oppositiõ du Syndic & remonstrance du Doyen, ils ne delaisseront de deliberer sur la proposition du Sieur de Harlay, entre lesquels il y en a cinq qu'on a fait exprés venir de dehors pour renforcer la brigue, sçauoir, Viseur, & Bleryé, d'Amiens, Genest, de Neuers, le Bel de Chartres, & la Saulsoye d'Orleans.

te Faculté, tant par l'opposition dudit *Richer* que pour le refus faict par ledit *Roguenant*, seant pour Doyen, de faire icelle proposition & de la mettre en deliberation, recueillir les voix, & suffrages de ladite assemblee, ainsi qu'il est accoustumé; c'est pourquoy ont fait responce, que nonobstant le dire dudit Roguenant & l'opposition dudit Richer, ils ne delaisseront de deliberer sur la proposition faite par ledit Sieur de Harlay, & par mesme moyen aduiserõt si elle est conforme aux statuts & decrets de ladite Faculté pour sur ce faire ce que de raison. Et par les autres Docteurs cy-deuãt nommez restants des Docteurs * assemblez audit iour & lieu, a esté declaré auoir trouué les raisons alleguees par ledit sieur *Roguenant* Doyen, vallables & suffisantes apres l'opposition formee par ledit Sieur *Richer* Syndic, & disent n'auoir pour agreable que à la suasion de Maistre *André du Val* l'vn desdicts Docteurs, Maistre Ioachim *Forgemont*, se soit efforcé en presence dudit Sieur Roguenant Doyen de tenir la place Decanale, si les dessusdicts restans ne l'eussent empesché, declarãs pour eux ne pouuoir deliberer apres l'opposition faite sur ladite proposition dudit Sieur de Harlay & les raisons deduites cy-dessus par ledit *Roguenant* Doyen; Apres laquelle responce ledit *Forgemont* a dit qu'il n'a occupé la place de soubs-Doyen de son auctorité; mais voyant que ledit Sieur Roguenant Doyen ne vouloit mettre en deliberation ladite proposition dudit sieur de Harlay conuié de ce faire par vne partie de ladite assemblee, comme estant l'ancien apres ledit Sieur Doyen se seroit mis * pres ledit Sieur Roguenant pour receuoir l'aduis & suffrage de ladite assemblee selon la forme ordinaire, dont il a esté empesché, & pour le regard dudit Sieur *Du Val* a dit qu'il n'auoit suadé ledit Sieur Forgemont de prendre ladite seance, ains que ledit Forgemont en auoit esté prié par aucuns de ladite assemblee. Dont de tout ce que dessus lesdits sieurs

* 25. Docteurs disent ne pouuoir deliberer apres l'opposition du Syndic, & la remonstrance du Doyen. Les noms desdicts 25. Docteurs sont Barthelemy, Isabel, Dauid, Bourgeois, Rousseier, Morannilliers, Cheytac, Fayet, Marchant, Fuzy, Boart, Gaultier, de Heu, Messier, Roisin, Vassagle, Tonnelier, Hennequin, Baudart, Patent, Dassé, le Page Tranchant, Paris, Desclerues.

* Forgemont occupe la place du Doyen pour receuoir les suffrages, induict à ce faire par du Val.

ſieurs comparans ont reſpectiuement requis acte, tant en general qu'en particulier pour leur ſeruir en temps & lieu ce que de raiſon. Ce fut fait declaré, proteſté, requis, & octroyé auant midy en ladicte grande ſale, l'an mil ſix cents douze, le Vendredy premier iour de Iuin; ainſi ſigné, *Roguenant*, *Barthelemy*, *Iſabel de Moranuillier*, *Cheyrac*, *Rouſſelet*, *Bourgeois*, *Fayet*, *Fuſy*, *Bohart*, *Dauid*, *Baudart*, *Marchand*, *de Heu*, *Royſin*, *Gaultier*, *Daſſé*, *Tonnelier*, *le Page*, *Ballenot*, *Forgemont*, *Roche*, *Fileſac*, *Trenchant*, *de Gazil*, *Lambert*, *Viſeur*, *Geneſt*, *de Poge*, *le Maire*, *Geſlain*, *de Gamaches*, *Houyſier*, *de la Saulſaye*, *Blerie*, Grandin, Belin, *le Clerc*, *le Bel*, *de Vaſſagle*, *Hennequin*, *de Nan*, *Lattrecé*, *Richer*, *Froger*, *du My*, *Iſambert*, *Parent*, *Hebert*, *François de Harlay*, *Mauclerc*, *d'Eſcleues*, *Paris*, *& du Val*. Quant aux autres comparans n'ont ſigné, pour ſ'eſtre retirez & abſentez incontinent apres leurs dires, declarations, & proteſtations ſuſdites.

Enſuit la teneur de l'acte eſcrit en la feuille de papier, dont cy-deſſus eſt fait mention. *Maiſtre Emon Richer*, Docteur & Syndic de la Faculté de Theologie en l'Vniuerſité de Paris, dit pour reſponce à la propoſition faite par Meſſire François *de Harlay* Abbé de l'Abbaye ſainct Victor, qu'il prend vn chacun à teſmoin en quelle recommandation il a touſiours eû l'honneur & la dignité de la Faculté, quel ſoin & diligence il a contribué pour retenir & vendiquer l'ancienne doctrine, & diſcipline d'icelle, la haine & les inimitiez qu'il ſ'eſt concilié pour la deffence de l'Vniuerſité, contre ceux qui ne ſ'eſtudient qu'à la ruiner. Qu'il n'a iamais deſiré ny recherché la charge de Syndic, au contraire ſ'eſt pluſieurs fois excuſé de l'accepter iuſques en l'an mil ſix cents huict, qu'il en fut inſtamment requis, tāt par ladite Faculté que par Maiſtre Roland Hebert Penitentier de l'Egliſe de Paris, lors Syndic, dont font foy les concluſions des ſe-

Reſponce du Syndic à la propoſition du ſieur de Harlay.

cond & quinziesme Ianuier mil six cents huit.

Que de temps immemorial on a prattiqué deux choses au fait de la charge de Syndic. La premiere, que l'exercice d'icelle n'a iamais esté definy ny limité à aucun temps, soit par les Statuts de la Faculté, ou par les actes des elections faites selon les occurrences. La seconde, qu'il est inouy qu'on aye deposé aucun Syndic s'il n'a requis estre deschargé, ou commis quelque faulte digne de deposition; que l'election qui a esté faite dudit Richer est indefinie, & sans limitation de temps, comme toutes les precedentes; quand à l'exercice, depuis qu'il est en charge il ne pense pas qu'il luy soit rien eschappé, qui merite, ou blasme, ou deposition.

Qu'il respecte & honore la Faculté comme sa mere, & luy defere tant, que pour rien du mõde, il ne luy voudroit desobeir; tant s'en faut que contre son bon plaisir il voulust retenir & exercer la charge de Syndic: mais il sçait bien & est chose constante & notoire à tout le monde que la proposition faite contre luy ne procede de la Faculté, ains de quelques ennemis particuliers qu'il a, & autres personnes, qui sont desplaisantes que l'Vniuersité subsiste contre les efforts de ceux qui sement des diuisions, & partialitez entre les Docteurs de la Faculté, afin d'effectuer plus facilement leurs desseins en icelle.

Que l'ouuerture de deposer ledit Richer, ne se fait à autre fin que pour le notter d'infamie soubs pretexte de ladite proposition; ce que preuoyant il est resolu souffrir plustost toutes extremitez, que consentir à vne deposition ignominieuse, & qui n'a pour cause & pour fondement que la maluei llance de ses ennemis.

Opposition du Syndic.

Partant ledit Richer declare qu'il s'oppose formellement à ce qu'il ne soit deliberé sur la proposition faite par Messire François de Harlay Docteur en

Theologie, & Abbé de sainct Victor, & à ce qu'elle ne soit proposee par Maistre Nicolas Roguenant Doyen, ou autre, pour estre mise en deliberation, prend a parties en leurs propres & priuez noms, ledit sieur de Harlay qui a fait ladite proposition, & ledit Roguenant, au cas qu'il la mette en deliberation, demande acte, tant de ladite proposition, de sa responce, que de son opposition, pour moyens de laquelle opposition il emploie ce qui est contenu cy-dessus, & l'arrest du premier Feburier mil six cens douze, par lequel la Cour à ordonné surseance de toute deliberation touchant le liure *de Ecclesiastica & Politica potestate*. Fait ce iourd'huy premier iour de Iuin mil six cents douze, en la grande sale du college de Sorbonne, en la congregation ce iourd'huy faite par les Docteurs de ladite Faculté de Theologie en la maniere accoustumee. Ainsi signé, Richer, & au dessoubs est escrit; le present a esté paraphé & signé des Notaires soubssignez, ce iourd'huy premier Iuin mil six cents douze, suiuant certain acte passé pardenant eux lesdits iour & an ainsi signé, de Beaumont & Perier: la minutte duquel acte signee, comme dit est, est demeuree par deuers ledit Perier l'vn desdits Notaires. Signé, de Beaumont, Perier.

Et à l'instant ledit Richer a presenté ausdits sieurs Docteurs certain acte fait soubs son sein, duquel la teneur ensuit.

Appel pour le refus de deferer à l'opposition.

Maistre Emon *Richer* Docteur & Syndic de la Faculté de Theologie en l'Vniuersité de Paris declare que pour le refus fait par M^rs de le receuoir en son opposition, & y deferer, il est & se porte pour appellant comme d'abus, de tout ce qui se fera par dessus & au preiudice de ladite opposition, proteste faire casser & reuocquer le tout comme attentat, & prent à parties en leurs propres & priuez noms M^rs, dont il a requis acte. Fait en la grande sale du college de Sorbonne à la Congregation de la Faculté de Theologie, le premier iour de Iuin mil six cents douze, ainsi signé, Richer; duquel acte, lecture a esté presentement faite par l'vn desdits Notaires soubssignez, l'autre present : à quoy n'a esté fait aucune responce, attendu que la cõpagnie apres la lecture faite, s'est leuee : & au surplus à declaré ledit Richer qu'il auoit iuste cause de recusation contre vne grande partie d'iceux Docteurs qui ont esté d'aduis que l'affaire fut mise en deliberation contre la respõce faite par ledit sieur Doyen; dont aussi ledit Richer a requis acte, pour s'en seruir en temps & lieu. Ainsi signé, Richer; Signé, de Beaumont, Perier.

Recusations du Syndic.

FIN.

CONCLVSIO SACRÆ FACVLTATIS THEOLOGIÆ

Parisiensis facta in comitiis ordinariis celebratis die 3. Iuly, 1612.

ANNO domini millesimo sexcentesimo duodecimo die tertia Iulij sacra Theologiæ Facultas Parisiensis post solemnem Missam de Sancto Spiritu sua ordinaria celebrauit comitia, in aula collegij Sorbonæ. *Primum*, postquam acta comitiorum primi Iunij perlecta & recognita fuerunt, honorandus M. N. *Filesac* obtulit domino Roguenant Decano literas sigilli Serenissimæ Reginæ Franciæ, scriptas Fontibellaquæ die 27. Iunij, quas ad reuerendissimum Abbatem à Sancto Victore miserat pro sedando dissidio suborto ratione propositionis factæ die prima Iunij, pro electione Sindicj, quibus perlectis idem honorandus Magister *Filesac*, hanc habuit suasionem, hoc ipso anno postremis Comitiis mensis Februarij Facultatem, se rogante & postulāte, decreuisse ne arcana & conclusiones Facultatis typis ederentur, nisi Facultas id præciperet; honorandum Magistrum Emundum Richer Syndicum suo priuato motu curauisse vt acta congregationis factæ prima die Iunij postremi, euulgarentur sub nomine Conclusionis Facultatis; hoc vero manifeste ad crimen falsi spectare, cum certissimum & notissimum sit nihil conclusum aut deliberatum fuisse de propositione facta pro alio eligendo Sindico; attamen in fine actorum quæ perlecta & recognita sunt hanc consuetam formulam adhiberi, *quibus omnibus subscripsit Facultas*.

Ad hæc honorandus Magister Emundus *Richer*, Syndicus respondit: *Primò*, actum suæ electionis conscriptum esse in libris Conclusionum Facultatis, & proinde opus esse similiter vt propositio facta de alio cooptando Syndico referretur inter acta: maxime autem quod statim atque facta est, id postularit & intercesserit prædictæ propositioni, atque actum suæ intercessionis conscriptum propriaque syngrapha obsignatũ dederit domino Decano. Porro iuxta ordinem & formam iustitiæ sibi rerum istarum acta postulanti nullomodo potuisse denegari. *Secundò*, notum esse omnibus secunda die Iunij, reuerendissimum Abbatem à Sancto Victore cum aliquot doctoribus Theologiæ conuolasse Fontisbellaquam ad Regium cõsistorium, atque acta Gallice confecta à notariis eo detulisse, vt procurarent alium Syndicum eligi iuxta propositionem factam prima die Iunij, ac proinde nemini graue aut iniquum videri debere, quod acta Gallica & Latina, istuc quoque ad amicos suos miserit, dominoque Cognitori regio pro iuris sui defensione dederit; cum præsertim iure naturali vnicuique permissum sit vt se & honorem suum seruato moderamine inculpatæ tutelæ defendat: *Tertiò*, formulam hanc, *quibus omnibus subscripsit Facultas*, ab apparitore non à se scriptam, & ad stylum ordinarium & res de quibus quotidie agi solet in Facultate, nequaquam vero ad acta memorata pertinere, idque palam fieri ex lectione omnium aliarum Conclusionum Facultatis, in quibus eadem formula conceptis verbis legitur: *Quartò*, se paratum esse sacramentum quacunque formula editum emittere coram Facultate, ac per redemptionem animæ suæ in sanguine Christi obtestari neque suo suasu, neque consilio, neque instinctu, aut se conscio, acta illa edita fuisse in vulgus.

Hæc porro dum agerentur dominus *Voisin* vnus ex quatuor Notariis & Secretariis Curiæ Parlamenti venit ad Comitia Facultatis, ac primũ petiit à domino Decano, vtrum Facultas esset legitime cõgregata; cumque dominus Decanus ita esse respõdisset, ille palam & publice significauit, *Curiam Parlamenti decreuisse ne propositio facta die prima Iunij pro alio eligengendo Syndico refricaretur, vtque omnia dissidia eam ob caussam suborta consopirentur* : atque idem dominus Decanus cum senioribus Magistris Facultatis hora decima sese conferret ad dominum primum Præsidem: dominus autem Decanus respondit Facultatem esse obsequẽtissimam & decreto Senatus obtemperaturam ; ac serenissimam Reginam hoc ipsum quod ordo amplissimus præcipiebat etiam iussisse literis sigilli, quas ad reuerendissimum Abbatem à Sancto Victore miserat. Nominati autem sunt honorandi Magistri, Filesac, Mauclerc, Cheyrac, Loppé, & Colin, vt se cum domino Decano ad dominum primum Præsidem conferrent.

Extractum ex libro Conclusionum sacræ Facultatis Theologiæ Parisiensis per me Petrum Cotreau maiorem apparitorem & scribam eiusdem Facultatis, die tertia Augusti, anno domini millesimo sexcentesimo duodecimo.

DEFENCES DE PAR LE ROY *faictes aux Docteurs de la Faculté de Theologie, de traicter de l'eslection d'vn nouueau Sindic.*

L'AN mil six cents douze, & le dernier iour de Iuillet, neuf à dix heures du matin, par commandement du Roy & de la Royne Regente sa Mere, & ordonnance verbale de Monseigneur le Chancelier, ie Georges *le Cirier* premier Huissier de sa Majesté en son Conseil d'Estat & Priué, me suis transporté au College de Sorbonne à Paris, ou parlant à la personne de Maistre Nicolas Roguenant Docteur regent en la Faculté de Theologie, & Doyen d'icelle, auquel tant pour luy que pour tout le corps de ladite Faculté, I'ay fait deffences de par le Roy, de traicter en l'assemblee de ladite Faculté, qui se doit faire demain, premier iour d'Aoust, de la proposition cy-deuant faite en icelle, touchant l'election d'vn nouueau Sindic de ladite Faculté, d'autant que sa Majesté y veut faire pouruoir; auquel Sieur Roguenant a esté laissé le present Exploict par moy Huissier susdit,

Signé, LE CIRIER.

CENSVRA

www.ingramcontent.com/pod-product-compliance
Ingram Content Group UK Ltd.
Pitfield, Milton Keynes, MK11 3LW, UK
UKHW020929180726
13838UKWH00002B/848

9 782329 215686